闘うナイチンゲール

貧困・疫病・因襲的社会の中で

徳永 哲

花乱社

装丁／design POOL

ハンプシャーのエンブリ邸。現在は Hampshire Collegiate School の学生会館になっている（本文25頁）。

ダービシャーのリーハースト邸。現在はナイチンゲール家に無縁の人が住んでいる。邸宅を取り囲む広大な土地は第三者がナイチンゲール・パークと名付けて管理している。左：正面，2階にフロレンスの部屋があった。右：パークから見た邸の側面（本文25頁）。

ダービシャーを貫いて流れるダーウェント川の沿岸にあった紡績工場跡（2011年撮影，本文34頁）。

「アンティオークの聖マーガレット教会」とナイチンゲールの墓碑（本文260～61頁）。鉄道駅ロムジーからナイチンゲールの遺体をのせた馬車は列をなしてイーストウェローの農道を通って，教会の入口から墓地へ通じる小径を抜けて行った。参列者は長い列をなし，墓碑に花束をたむけた。墓碑の下にはナイチンゲールが今も眠っている（2010年撮影）。

ダービシャーの旧ダービー王立病院近辺のナイチンゲールの像。上：王立病院周辺の道路脇に立っている像，右：ナイチンゲール・ホームの跡。

カノン・トマス・レスター（1829～1901）像（リヴァプール，聖ジョンズ公園）。リヴァプールの貧しい子供たちのために救済施設をつくり，子供に公平な教育の機会を与えた教育者。像は貧しい子供を抱きかかえている（本文214頁）。

旧エディンバラ王立病院。
エディンバラ大学に隣接
(本文107頁)。

エディンバラのグレイフライアーズ教会墓地。18〜19世紀，遺体泥棒が掘り出した遺体はエディンバラ大学の解剖教室に売られた（本文107頁）。

旧グラスゴー王立病院。
疫病が蔓延した19世紀，王立病院周辺には埋め切れない死体が放置され，悪臭に満ちていた（本文228〜38頁）。

上：ウィリアム・ラスボーン像（本文195〜99／213〜25頁）。リヴァプールの最下層貧民地区に看護師が訪問する「地域看護」を考案し，ナイチンゲールの支援を受けて実施。ナイチンゲールと一緒に「地域看護」の基を築いた。また救貧院病院をつくり，救貧院では初めてナイチンゲール看護師訓練学校で正規の訓練を受けた看護師を招いた。

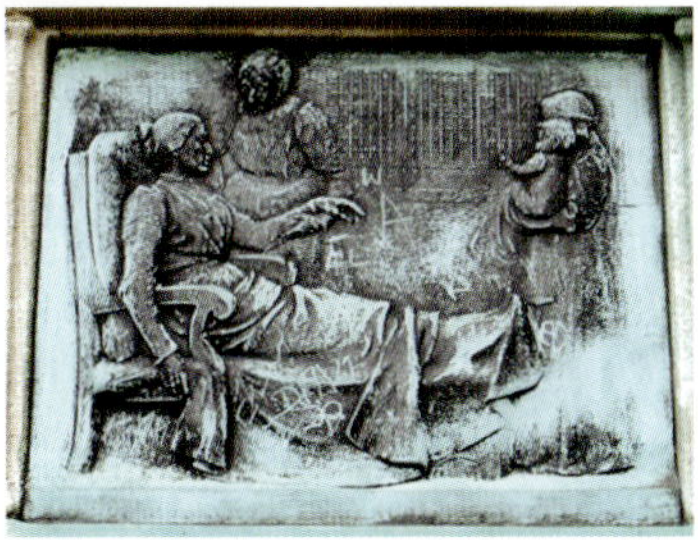

右：台座には，病人の家庭を訪問する看護師たちの働きぶりが彫られている。

上：リヴァプール王立病院跡（本文197，216・217頁）。『王立病院看護師訓練学校創立75周年記念写真集』の表紙。

下：リヴァプール大学構内にある現在の同病院跡。

聖人像を彫り込んだ中世カトリック時代の名残を留めるソールズベリ大聖堂（右），ソールズベリのヨーロッパ的雰囲気を留める門前街（下，本文52～54頁）。

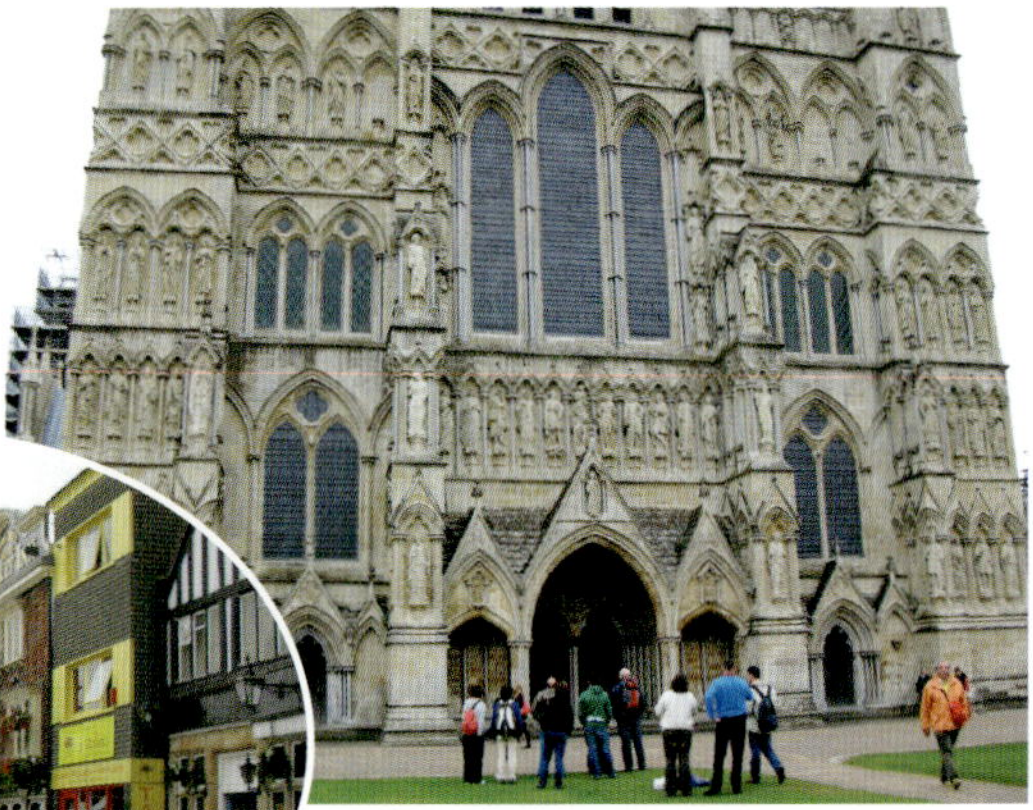

ソールズベリ総合病院の跡。19世紀半ばに再建，拡充された。その頃ナイチンゲールは当病院で看護の勉強をしようと決めたが，両親に反対され諦めた。現在はペンブロウク邸になっている（本文53・54頁）。
邸の壁（下）に〈GENERAL INFIRMARY SUPPORTED BY VOLUNTARY CONTRIBUTION 1767〉と彫り込まれている（2011年撮影）。ペンブロウク家は18世紀にソールズベリ病院創設に多額の献金をして大きな貢献をした。

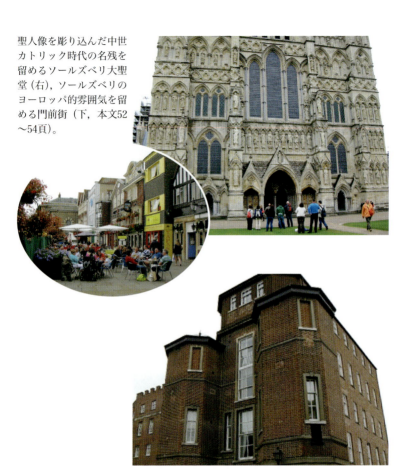

パディントンの聖メアリー病院。19世紀に労働者階級受け入れのため病棟を拡張した。レイチェル・ウィリアムズは看護師の制度を改革した（2014年撮影，本文190〜92頁）。

リヴァプールのバンク跡の壁に遺された奴隷売買のレリーフ（本文24頁）。

ロンドン市街地に立っている「クリミア戦争犠牲者慰霊碑」（2011年撮影）。左がナイチンゲール，右がハーバート。

上：聖バーソロミュー病院。世界最初の女医ブラックウェルが卒後研修を許された病院（本文86・87頁）。
下：同病院の病棟入口。

右：世界最大級の高層病棟（白い建物）を持つガイ病院と隣接するロンドン・キングスカレッジは保健医療協定を結んでいる(2013年撮影，本文106〜09頁)。
下：ガイ病院の高層病棟。

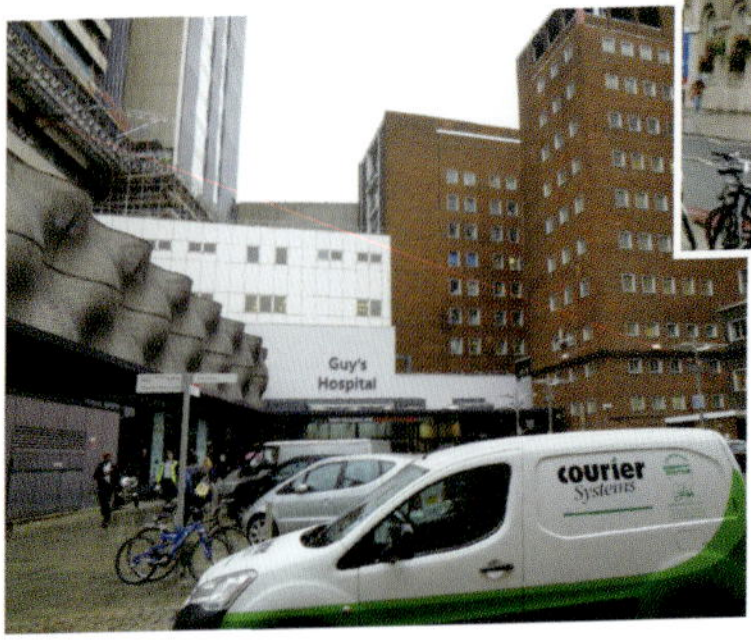

Florence Nightingale

はじめに

フロレンス・ナイチンゲールは一八二〇年に生まれ、一九一〇年に死去した。

その九十年という歳月の間、イギリスの社会事情や保健医療事情などに歴史的一大転機となるいくつかの出来事が起きた。なかでも、イギリスの歴史に影響を及ぼし、ナイチンゲール自身の思想形成にも深く関わっていたのが、異教徒刑罰法が撤廃され、カトリック教徒やユニテリアンなどの教派が解放されたことであった。その社会への反響は大きく、絶大な力を有していたイギリス国教会にも及んで、改革を迫られるほどであった。一方、看護修道女の活躍や社会奉仕活動を行う婦人慈善団体が次々に生まれていった。

また、資本主義が世を支配し、産業都市が成長していったが、それとは対照的に、農地は放置され、飢饉が度々起こるようになった。土地を捨てた農民や地方の手工業の失業者が仕事を求めて都市に流れ込んだ。都市の貧困層が拡大し、公衆衛生は悪化し、疫病が蔓延するようになった。またその半面、増大する労働者階級の中に社会主義が浸透して、労働条件の改善や社会保障を求める運動が展開されるようにもなった。

医療界では、麻酔が使用されるようになって外科が躍進し、市民病院に外科病棟が増築された。

さらに専門の診療科も拡充されるようになった。病院は病床数を大幅に増やし、拡張され、それに伴ってより多くの看護師が求められるようになった。

保健衛生関連では、都市の公衆衛生の悪化が疾病の発生原因と見なされ、医学会や公衆衛生学会などで疾病感染経路が次第に明かされるようになり、環境衛生の改善や消毒が推進された。

フロレンス・ナイチンゲールは、十九世紀のそうした歴史的出来事のそれぞれの領域に非常に大きな足跡を残しながら、近代看護確立のために全生涯を献げたのである。しかし、その生涯は、一筋縄ではいかない苦しい〈闘い〉の連続であった。

その〈闘い〉の人生は、大きく二つの時期に分けることができると考えられる。

前半は、クリミア戦争に看護師として従軍する以前の時期であり、ナイチンゲール家の娘フロレンスの時代である。ナイチンゲール家のリーハースト邸やエンブリ邸近隣の村の貧しい病人、さらに祖母や乳母といった身近な人を一人で一所懸命に看病をした。

また、社会通念や男女差別や偏見に対して、上流階級を志向する家族のあり方に対して徹底抵抗した。そうした時期は〈闘い〉と言えないまでも彼女なりの葛藤と試練の苦しい日々であった。本書ではその日々の出来事について、第一部「ナイチンゲール家の娘フロレンスの夢と試練」と題して論じた。

後半は、一八五三年から死去する一九一〇年までである。クリミア戦争に看護婦人団長として赴任し、軍事病院での働きから「ランプを持った白衣の天使」として、イギリス国内ばかりでなくアメリカ合衆国でも広く称賛されたことに始まり、帰国後はイギリスで初めての「看護師訓練学校」を創設、その後、看護師教育体制の改革を行い、後進の看護師育成に献身的に努める一方、病院看護や地域看護の充実に大きな足跡を残した。「近代看護の母」と称賛され、その名声はアメリカ合衆国からオーストラリア、そして、日本にまで伝わった。

こうして世界中が知るところとなったナイチンゲールの素晴らしい人物像は、看護師の理想の姿となって今日でも後進の目標ともなっている。自己犠牲の精神と差別することなくすべての患者を思いやる心、厳格であると同時に寛容で面倒見の良い看護師教育者、新しい病院看護体制を生み出した創立者など、ナイチンゲールを形容する言葉は限りなく存在する。

しかし、それだけでは、ナイチンゲールの真の人物像をすべて知ったことにはならない。何故なら、それらは、ナイチンゲールの心の中にあった怒りや失望、信念などすべてを語り尽くしてはいないばかりか彼女の生き様の最も肝心な部分が欠落していると考えるからである。

その欠落しているものとは、看護師になった以後も、クリミア戦争での軍部の横暴や軍事病院の衛生環境の悪さとその犠牲者の数の多さを隠蔽しようとした軍人や役人などへのあからさまな批判であり、また、帰国後、回帰性の熱病に苦しみながらの看護師訓練学校設立、さらにまた、看護師の労働者意識と教会離れを批判、そして、資格認定試験の制度化によって看護職が就職の目的になってしまい、目的が達成されればもう一人前の看護師になったと思ってしまう傾向を危惧し、絶え間なく警告を発したことなどである。彼女の〈闘い〉の対象は見えるもの、見えざるものに向けられ、絶えることがなかった。妥協を絶対に許さないナイチンゲールは徹底して歪んだ体制や制度に立ち向かい、〈闘い〉続けたのである。

彼女の〈闘い〉の力の源泉となり、支え続けていたのは他ならぬキリスト教信仰および聖書であった。彼女が抱き続けた信念は、「神」が微力な人間に対して知恵と勇気を授けてくださり、救いの業を成し遂げさせてくれる、という「神」への信頼であった。世間から偉大な人物として高く評価され、称賛されながらも、逆に自己を低くして「神」の「愛」と「英知」を高く讃え続けたのである。したがって、国や人々が彼女に与えた勲章や讃辞といったものは、「神」に捧げられるべきであって、彼女自身にとってほとんど意味のないものであった。

回帰性の熱病に苦しみながらも、自らペンを持つことができなくなるまで、ベッドの上から若き看護師たちに宛てて、看護の精神として自己の貫いた信念を書き綴った。権力者や支配者に媚び従うことなく、ひたすら神から授けられた使命を全うする神の僕《しもべ》となって病人の看護に尽くすよう説き続けたのである。

信念に生きる孤高の人、フロレンス・ナイチンゲールにとって、〈仲間〉と呼べる人物が存在したのだろうか。当然そうした疑問が生じるであろう。

ナイチンゲールの偉業の多くが、もちろん、彼女一人で成し遂げられたものとは限らなかった。

彼女に協力したり、励まし支援したり、共に困難に立ち向かったりした人々が存在していたのである。本書ではこれらの人々を総じて〈仲間〉と称したい。そして、ナイチンゲールの妥協なき〈闘い〉を追究すると同時に、〈闘い〉の場面の多くに必ず〈仲間〉がいたことを第二部「闘うナイチンゲールと仲間たち」において明らかにする。

闘うナイチンゲール❖目次

第二章　フロレンスから看護師ナイチンゲールへ

第二部　闘うナイチンゲールと仲間たち

第一章　クリミア戦争とナイチンゲール

第二章　病院拡張に伴う看護師育成の問題

闘うナイチンゲール

貧困・疫病・因襲的社会の中で

第一部

ナイチンゲール家の娘フロレンスの夢と試練

第一章　ナイチンゲール家のフロレンス

ナイチンゲール家の系譜

フロレンスの父ウィリアム・エドワードはショア家の長子として、一七九四年、イングランドのヨークシャーに生まれた。一八一一年、十七歳の時、奨学金を得てケンブリッジ大学のトリニティカレッジに入学した。しかし、ショア家の宗派がイギリス国教会ではなかったために、彼は学位を取得できないことを知り、大学に区切りをつけた。一八一三年からほぼ一年間、国教会とは関係のないエディンバラ大学で、文学と医学の授業に出席した。その後スコットランドの高原地方を旅した。

一八一五年、成人したウィリアムは、ダービシャー北西部に広大な土地を所有する資産家の伯父ピーター・ナイチンゲールの遺産を正式に相続した。ピーター伯父は膨大な資産を築き、姓をショアからナイチンゲールに変更していた。その後、ダービシャーで賭け事やキツネ狩りなど貴族まがいの遊びに耽って、親族からは変人扱いされていたらしい。

ウィリアムは伯父の養子になって、姓をショアからナイチンゲールに変えた。広大な土地を遺産として相続したウィリアムにさらなる幸運が訪れた。相続した土地から鉛の鉱脈が発見され、土地の資産価値が大幅に上がったのである。

何もしないで巨大な富を得たウィリアムは、優れた頭脳の持ち主であったが、何らかの職を得て、その能力を生かそうという気持ちはまったくなかった。職に就かず、専ら自由人として読書三昧に耽り、旅行や社交に勤しんだ。

時間は少し遡るが、ウィリアムがケンブリッジ大学に入学した当時、同級生にサム・スミスという名の友人がいた。親戚の少ないウィリアムはサムからスミス家の親族に紹介され、みんなと仲良くなった。サムの姉ファニー（フランシス）は美人で気が利いていた。ウィリアムは六歳年上の姉のようなファニーに魅かれていった。一方、ファニーの方も資産家で年下の男性に関心を持っていて、結婚に積極的であった。ファニーの父は職に就かないウィリアムを娘の結婚相手として好ましくないと思っていたようである。しかしながら、ファニーは父の意見を聞くことなく結婚を進めていった。

一八一八年、ウィリアムとファニーは結婚した。スミス家は一握りの親族を除いてほとんどが反国教会派のユニテリアンであった。ショア家の宗派もウィリアムの母を除いてユニテリアンであった。それで、宗派の違いが引き起こしがちな家族間のトラブルはなかった。しかし、ウィリアムは何故か結婚式にショア家の両親を招かなかった。

ユニテリアンというのは、プロテスタントの一派ではあったが、イギリス国教会やルーテル派やカルビン派などのプロテスタント系とは一線を画していた。キリスト教ではあるが、イエス・キリストを神の子と崇めることは拒否していたのである。カトリックやイギリス国教会派が堅く信じる「父」と「子」と「聖霊」の「三位一体の神」を受け容れていなかった。また、司（主）教や司祭の存在も認めなかった。

ユニテリアンにとって「神」としての本性を有するものは唯一つで、それは絶対的であった。したがって、イエス・キリストは神ではなかった。ただし、イエスは自ら高め、神に最も近い存在となり崇敬されるに至った、まさに人が倣うべき存在であった。

この特異な教派はイギリスでは長い間、異教徒扱いを受け、カトリックと共に公には禁じられていた。しかし、一八一三年にユニテリアン寛容令が発布され、イエス・キリストの神性を否定しても、もはや罪ではなくなった。一定の教会に所属することなく、聖書のみを拠り所として人間の理性や良心の悔悛《かいしゅん》や慰めを求める自由な集会を開くことができるようになった。

ユニテリアンは、虐げられた貧しい人々に愛と救いの手を差し伸べたイエス・キリストに倣い、刑務所や教育の改革、節酒、女性の権利の向上といった社会運動や、カトリックを含む異教徒刑罰法の完全撤廃運動などを展開した。

フロレンスの母ファニーの父ウィリアム・スミスもユニテリアンでありながら、ノーウィックの有力な地方議員となって、奴隷やカトリック教徒解放などの運動に参加し、信仰に基づく強い生き方を世に示していた。

ウィリアム・ナイチンゲールとファニー・スミスは結婚後、ほぼ三年という長い間、イタリアで過ごした。フィレンツェなどの古都がお気に入りであったかもしれないが、長期にわたっての滞在には他の理由がいくつかあった。

まず第一に、二人はイギリスに住む家を持っていなかった。第二に、これが最も大きな理由であったかもしれないが、地方議会議員をしていたファニーの父ウィリアム・スミスは本業の商売、食糧卸雑貨業に失敗し、スミス家はまさに破産状態にあり、逆境の最中であった。新婚の二人はその中に巻き込まれたくはなかったかもしれない。また、ウィリアム・ナイチンゲールには伯父ピーター・ナイチンゲールが残した邸宅がダービシャーにあったが、ロンドンからは遠く離れているうえに、いかにも田舎の農家づくりの家であった。社交界に憧れるファニーにとって、とても二人の新天地に定められる場所ではなかった。結局、三年間ヨーロッパに滞在して、イギリスに戻ったが、気に入った新居が見つかるまでロンドン市内でホテル住まいをした。

ファニーの父親ウィリアム・スミスは、気ままな新婚生活を送る娘ファニーや娘婿ウィリアムに対して批判的であった。彼は二人とはまったく正反対の性格の持ち主であった。彼は本業の倒産という憂き目にあい、議員の地位も危なくなってしまい、崖っぷちに立っていた。しかし、彼の政治家魂はしぼむことはなかった。それどころか奴隷廃止や宗教の自由、議会の改革などを求める運動に、議員の道徳的義務としてそれまで以上に打ち込んだのであった。

悲惨な状況にある人々のために、また、世界の幸福のために、憐れみに満ちた理想的な奉仕者として、まさにその生き方を世に示し続けたのである。

ウィリアム・スミスの信念をもって、神に最も近い人間イエス・キリストに倣う生き方と、その正義を貫く力強い一徹さは、娘のファニーを飛び越えて、孫のフロレンスに受け継がれたのである。

リーハースト邸とエンブリ邸

フロレンスの父ウィリアム・ナイチンゲールは、ファニーとの結婚から三年後の一八二一年、伯父ピーターから相続していたダービシャーの広大な土地の一角に邸宅を構える計画を立てた。ウィリアム自ら家屋の設計図を描いた。邸宅とそれを取り巻く広大な敷地全体をリーハーストと命名した。

そして、ユニテリアンの彼はリーハースト邸内に家族専用のチャペルをつくり、家族をそこに集め、福音書を朗読して、神を賛美した。その当時のウィリアムの自由な信仰のあり方あるいは聖書の自由な解釈などは、物心がつき始めたフロレンスのキリスト教に対する考え方に大きな影響を及ぼし、自由で個性的な宗教観形成の基となったと考える。

リーハースト邸はダービシャーの山岳地帯南側の丘陵地にあった。冬の寒さは相当に厳しく、しかも近くの森林地帯には水量豊富な渓流があって、湿度が高かった。ナイチンゲール家がそこで暮らすようになった当初、フロレンスはまだ三歳の幼児であったが、原因不明の気管支炎と咳に苦しむようになった。

また、母ファニーは、ロンドンから遠く離れたダービシャーの山間部の寂しい暮らしと冬の厳しい寒さに次第に耐えられなくなった。ロンドンの賑やかな社交界に憧れるファニーは、夫のウィリアムにロンドン近郊に移るよう説得した。そこでウィリアムはロンドンの近くで温暖な気候の土地を探し、一八二五年になってようやくイングランド南部のハンプシャーに、古い赤レンガ造りの豪邸エンブリ邸を見つけ、改築した。そして、秋になると家族はダービシャーを離れて、ハンプシャーのエンブリ邸に移り住み、リーハースト邸は夏の避暑地として使うことにした。

エンブリ邸には政治家や官僚、医者など多くの著名人が招かれ、ファニーが求めていた賑やかな晩餐会や宴が日毎夜毎に催されるようになった。フロレンスはハンプシャーの気候が合っていて、原因不明の病からは解放された。

一八三七年、インフルエンザが南イングランド地方を襲い、イーストウェローやエンブリにも到達した。その時、十七歳のフロレンスは初めて病人の看護をすることになった。医師や牧師に従って看護師として村の家をまわったのである。

インフルエンザが治まった二月に、彼女に〈神の召命〉の奇蹟が起こった。天から「神に仕えよ」と命じる神の声が聞こえたのである。しかしフロレンスは、神がどのようなことを自分に求めているのか具体的には理解できなかった。とはいえ、神の声はその後、彼女の脳裏から離れることはなかったのである。

その年の九月、ナイチンゲール一家はヨーロッパ旅行に出かけて行った。ウィリアムが設計した六頭の馬が曳く巨大な馬車に、家族と乳母と家庭教師と御者が乗ってヨーロッパ各地を訪れるという大掛かりな旅であった。

ファニーは、フランスやイタリアの上流階級の社交界を巡って、社交術と気品を二人の娘に経験させることが一番の目的であったらしいが、彼女自身もフランスやイタリアで夜会衣装を購入し、それを身に着け、舞踏会や音楽会に出席するつもりであった。

ナイチンゲール一家はフランスを南下して行った。しかし、ちょうどナポレオン三世が失墜した後であったので、政情が不安定で、イギリスで期待していたような旅はできなかった。そればかりではなく、さらに未知の世界への不安が付き纏う旅でもあった。それでも、ニースからフィレンツェでようやく上流階級の舞踏会に出席でき、世界一流の歌劇などを鑑賞できた。その時以来、フロレンスは歌劇のとりこになってしまったということである。

その当時のイタリアはオーストリアの統治下にあり、フィレンツェではイタリアの自由・独立を求める武力闘争が展開されるようになっていた。ナイチンゲール一家はその武力闘争の渦中に巻き込まれることを恐れて、スイスのジュネーブに逃れた。ところがそのジュネーブも危なくなった。亡命していたナポレオン三世の引き渡しを要求するフランスが軍を進攻させたのである。ナイチンゲール一家はさらにフランスへ逃れ、パリに滞在した後、一年半という長いヨーロッパ旅行を終えて、ロンドンに戻った。

フロレンスにとって、ヨーロッパ旅行の大きな収穫の一つは、パリでメアリー・クラーク女史という社交界の有名人に出会えたことだった。クラーク女史は司教、貴族、学者、作家などを世界中から集めて、非常に知的レベルの高い「サロン」を復活させた立役者だった。その彼女が、イギリスに戻った後もフロレンスの大切な相談相手になってくれたのである。

ナイチンゲール家の二人姉妹、姉のパースノープと妹のフロレンスは美しく成長し、社交界でも評判になった。特にフロレンスは知性あふれたもてなしと教養がにじみ出る会話ができる淑女として有名になった。しかしフロレンスは、ヨーロッパ旅行から帰ったあたりから、社交界の見栄と騒々しさに嫌気がさすようになっていた。というのも、虚栄と快楽に満ちた社交界で輝き、快楽を得るということには、神から自分を遠ざけようとする恐ろしい悪魔の誘惑が働いていて、その誘惑に負けていると考えるようになっていたからである。

ヨーロッパ旅行に出かける前に天から自分に何度か語りかけてくれた声が、帰ってくるとまったく聞こえなくなってしまっていた。フロレンスはそのことを深く心にとめていた。エンブリの森の中かに一人でいた時に聞こえた天の声を思い出しては、その声を〈神の召命〉と堅く信じ、それに正しく応じるにはどのようにしたらよいか、神が自分に求めた使命とはどのようなものなのか、自分の歩むべきはどのような道であるのか、悩み模索し続けたのである。

フロレンスはエンブリ邸やロンドンのホテルで、美しく着飾り、社交ダンスや当たり障りのない会話に明け暮れる日々が前にも増して退屈で、疎ましく思えるようになった。社交界や家族のあり方に疑問が深まるばかりで、時に激しく苛立つようにさえなった。

エンブリ邸の生活でフロレンスの不満の種になっていたのは、自分の時間が持てないということであった。現代の研究者セシル・ウーダム－スミスは、当時のフロレンスの不満について次のように書いている。

エムブリイには自分の時間がなく、その毎日は、くだらないお務めを果たし、くだらない依頼を受け、無用で際限のない仕事を片付けることで一杯で、それが呼び水となってさらにまた不必要で際限のない難題が持ち込まれてくるといった具合であった。(1)

そうした憤懣やるかたない状況に陥っていながら、フロレンスは、他人の要求に合わせなければならない、自分なりの解決策を見出さねばならない、そういう強迫観念に襲われるようになった。そして、時折、思わぬ錯覚に陥ることさえあった。従妹で親友のヒラリー・カーターに「私にはいくつかの問題を解決するための時間が必要だ（2）」と語っていた。

精神的に追い詰められていくフロレンスに、生きる一筋の光と元気を与えてくれた人物が現れた。それは父ウィリアムの妹メアリ・ショア（ベンジャミン・スミスと結婚し、メアリ・スミスになった）、すなわち愛称メイ叔母であった。

フロレンスは、ある時、編物や社交ダンスの練習をやめて、数学の勉強がしたいと母親のファニーに言ったことがあった。しかし、ファニーは断固反対し、絶対に許さなかった。しかも、夫のウィリアムにも反対してくれるように言ったのである。ウィリアムは言われるままに、女が数学など勉強する必要はない、とフロレンスをたしなめた。それでも諦めることができないフロレンスはメイ叔母に数学への思いを打ち明けた。フロレンスに賛同したメイ叔母はファニーに手紙を書いて、数学を勉強する時間を空けてやり、立派な家庭教師をつけるよう要望した。それでもファニーは、女性が学ぶべきものは数学ではなく、社交能力と淑女らしい気品を身に着けることであると決めつけて、決して許そうとはしなかった。ウィリアムはファニーに全面的に賛同していた。淑女の幸福は結婚であって、数学は結婚にはまったく役に立たないという考えであった。

しかし、意外なことに、ファニーの親族であるスミス家の人々はフロレンスに味方した。ファニーの弟オクタヴィウスが家庭教師を引き受けてくれたのである。フロレンスは彼の家の書斎でひと月だけ数学を教えてもらえることになった。

フロレンスはエンブリ邸で毎日のように開かれる宴会を終えると、深夜、自分の部屋に籠って数学や哲学の勉強に励んだ。その一方、社交界では、彼女の卓越した知性と知識は世の高学歴の紳士を圧倒するほどにまでなっていた。また、社交ダンスの上手さは上流階級の間でも評判であった。

しかし、彼女が華やかな脚光を浴び、評判が高まっていけばいくほど、逆に心の中にはそうしたものを悪の誘惑と見なし、その誘惑を遠ざけなければならない、という厳しい戒めが働くようになっていたのである。

メイ叔母はフロレンスの天賦の才能を見抜いた最初の人物であった。メイ叔母とフロレンスの関係が深まったのは一八三九年のクリスマスの時であった。連日の宴会に疲れ果て、フロレンスは苛立ちと倦怠感に苛まされるようになり、体力と気力を失っていった。彼女にとって、辛いクリスマスであった。

そんな時、メイ叔母が訪ねて来てくれたのである。形而上学や超自然的霊能力などにも深い関心を持ち精通していたメイ叔母は、知性にあふれ、知的好奇心やユーモアのセンスに富む会話でフロレンスを慰めてくれた。このクリスマスを境に、二人の間に生まれた精神的な絆は友情の域を超える非常に強いものとなったのである。

メイ叔母とフロレンスの絆について、セシル・ウーダム－スミスは次のように書いている。

二人の年齢の開きにもかかわらず、メイ叔母はフロレンスをまるで弟子が師を崇拝するように尊敬していた。愛情は惜しげもなく溢れんばかりに彼女に注がれ、それはまさにフロレンスが渇望していたものであった。しかしメイ叔母のこの愛情の核心には、神秘的な信仰があった。彼女はフロレンスの中に並の人間性を超えるものを認めており、たとえ自分の夫や子供たちの要求を後回しにしても、フロレンスの擁護者、解説者、慰撫者となったのであった。(3)

フロレンスはこのメイ叔母から宗教哲学や霊能力について多くのことを学び、彼女独自の思想を形成していった。そして、それが彼女の近代看護確立の下地となる影響を及ぼしたのである。

フロレンスが母親のファニーに連れられて、ホロウェイ・ヴィレッジの貧しい人々の家を初めて訪問したのは一八四二年のことであった。ファニーは、貧民の不幸な実態を見せておくことによって、何不自由なく育っている娘に上流家庭の生活がいかに幸福にあふれているか思い知らせておこうという意図で連れて行ったらしい。しかし、フロレンスの魂は、この時から、狭い小家で目の当たりにした寝たきりの老人や病人の悲惨な姿に心を揺さぶられ、貧しい人々の家庭の光景が心のなかに深く刻まれてしまった。その光景から心が解き放たれることは生涯なかったのである。

フロレンスが非凡な才能の持ち主であることを見せたのは、ファニーに投げかけた様々な質問の内容であった。それは、貧しい村の子供への教育はどうなっているのか？　村の衛生状態や粗悪な食生活が改善されないのは何故か？　などであった。さらにフロレンスは、貧しい村人のために資金援助などをすべきではないか、と要求さえしたのである。ファニーは、次から次に出されるフロレンスの質問と要求にノイローゼになりそうになったということである。

裕福な上流家庭の淑女は普通、母親から豊かな感性を持つように教育され、悲惨な生活を送っている貧しい人々に対しては同情や哀れみの情を抱くようになっていた。また同時に、ファニーがフロレンスに期待したように、淑女は自分の生活が豊かで恵まれていることを幸いに思い、親や家柄に対して感謝の気持ちを表すのが一般的であった。

しかし、フロレンスは違っていた。彼女は悲惨な人々を見て、何故この世界に貧しい人が存在するのか、貧しい人々に自分のできることは何か、などの疑問を発した。彼女は感性の域を超えて、理性でもって社会の問題や矛盾を捉えるようになっていたのである。

それ以後、ファニーの目を盗んで、リーハースト邸近隣のホロウェイ・ヴィレッジの貧しい住民の生活に接し、その中に入っていった。そして、悲惨な状況の中に自ら身を置き、寄り添うことによって精神的な充実感に満たされるようになり、自らなすべき天命を感じるようにさえなったのである。

リーハーストの所在地である北部ダービシャーは、イングランドでも最も美しい山岳地帯である。リーハーストはその山岳地帯の南側にあり、近くにはダーウェント川が流れている。その川は美しい町マトロックで大きな流れとなって今でも豊かな水量を湛えている。

十八世紀、ダービシャーの広大な山岳地帯には今日と同様に、羊が放牧されていた。産出された大量の羊毛をダーウェント川の豊富な水量を利用して紡ぐ紡績工場が川沿いに造られた。リーハーストに隣接するホロウェイ・ヴィレッジには農民の他に紡績工場で働く多くの熟練技能職人が住んでいた。

十九世紀半ば近くになると、イギリスの社会状況は大きく変わった。イングランド全土に鉄道網が整備され、物資の大量輸送が可能になった。また、産業の機械化によって大量生産が行われるようになり、産業都市が生まれた。そこでは労働のあり方も変わった。蒸気エネルギーを利用した大量生産方式が主流になって、単純作業の労働になった。そのため、ダーウェント川流域に点在した多くの熟練技能職人を擁する旧式の紡績産業は次第に廃れていったのである。

さらに、アメリカ合衆国北部の産業が力を増し、イギリスの産業界にも急速にその影響が出始めて、次第に不景気に陥っていった。しかも、産業優先政策は農業を置き去りにした。

イギリス全土に不景気が拡大し、さらに深刻になっていくと、不作続きの農地を捨てた農業従事者は職を求めて都市に流れ込んでいった。農地は荒れ、農産物の不作が続くようにもなった。田舎では飢饉が通常化したのである。

田舎の熟練技能職人は不景気によって都市での再就職の道が閉ざされてしまった。フロレンスが接したホロウェイ・ヴィレッジの紡績職人と農民の窮乏は悲惨極まりないものであった。しかも、フロレンスはその村で、貧しい病人を死に至らしめている残酷な現実を目の当たりにしたのである。それは、病気の老女が、医療に無知な付添看護人の無責任な投薬によって症状が悪化し、死に至ってしまった出来事であった。付き添う看護人にもっと医療や投薬の知識があれば、また看護の訓練を受けていれば、その老女を救うことができたのではないかと思うと、フロレンスの胸は痛んだ。

窮乏する農民の悲惨な現実をフロレンスが目にしたのは、なにもホロウェイ・ヴィレッジに限られたことではなかった。ハンプシャーのエンブリ邸近隣のイーストウェローの農民も同様であった。母のファニーは立派な馬車に乗って村を通るたび農家にお金をめぐんで、善人振りを見せていた。しかし、彼女の慈善行為は見栄にすぎず、貧しい病人の救済とは無縁であることをフロレンスは知っていた。

チャドウィックの貧民救済とフロレンス

時代は少し遡るが、一八三二年、フロレンスが十二歳の時、インドから伝わってきた「コレラ」がロンドンで流行した。ロンドンの人口約一四〇万人のうち約四七〇〇人が死んだとされている。それまでイギリスには「コレラ」に類似した病気はあったが、死に至ることはなかったとされている。突然、次々と人々を死に追いやっていく恐ろしい「コレラ」の正体は謎に包まれていた。それは貧困地域で猛威を振るい、貧民を死に至らしめるだけで、テムズ川の北側に広がる上流階級が多く住む市街地からはほとんど死者が出なかったからである。その事実は大きな波紋を社会に投げかけ、様々な憶測さえ生んだ。「コレラ」は一種の社会現象ともなったのである。

この「コレラ」は上流階級の邸宅にはほとんど及ばなかったので、ナイチンゲール一家にとっても別世界の出来事であったに違いない。フロレンスも当初、ほとんど知るところではなかったであろう。しかし、彼女は「コレラ」がもとで起こった社会の動きに対して、十五歳の若さで、初めて関心を持ち、意見を述べる機会を得たのである。

一般に、貧困と「コレラ」は何らかの関係があると考えられ、衛生上の問題からというよりは、貧民の生活のあり方や彼らの向上意識の欠如の方が社会問題として取り上げられる傾向にあった。彼らの不潔、堕落、下品といったものは、無気力や怠惰から生まれたものだと中流階級以上の人々は思っていた。「救貧院」(「ワークハウス」)を設けて貧民の意識を改革しようという社会の動きが起こった。それがいわゆる「貧民救済」の真意であった。

政府は、貧民を救済するために旧「救貧法」の修正法案の成立を目指した。一八三二年に「救貧法」王立委員会が立ち上がり、その中心人物にエドウィン・チャドウィックが抜擢された。「救貧法」はすでにヘンリー八世の時代につくられ、エリザベス一世によって十七世紀初めに「エリザベス救貧法」(一六〇一年)として改定された歴史を持っていた。十九世紀になって、その法の実効性がどの程度あったかは定かではないが、存続されていたのは事実らしい。

チャドウィックは一八三四年に「救貧法」の修正法である「新救貧法」を成立させた。この新法発布によって、ロンドン救貧法委員会の監視の下で、地域から評議員が選出され、全国に六五〇の救貧委員会が発足した。そして、地域の財政基盤に基づいて、全国に「救貧院」が建設され、その運営は地域救貧委員会に任された。

「救貧院」は本来、貧民を「屋内（インドア）救済」する施設であった。入居者には単純な作業と引き換えに食事と部屋が与えられた。さらに一般向けの建前では、貧民に技術を身に付けさせ、生活意欲を持たせ、社会的にまた個人的に向上意識を抱かせるなどを目指していて、救貧というよりは貧民意識からの更正を優先させていた。

しかし、救貧院の生活条件は、チャドウィックの先入観によって、建前と実際はまったく違ったものになっていた。すなわち、彼には、貧民は怠け者であるという思い込みがあり、救貧院入居者には不快感を与えて長居ができないようにすべきだと考えていたのである。わざと非常に禁欲的な生活を強要したうえに、規則違反にはきつい罰則を科した。入居者には失望感を抱かせ、早く出たいという気持ちにさせたのである。

マーク・ポストリッジ[4]によると、フロレンスは、まだ十五歳にすぎなかったが、「エリザベス救貧法」の修正版であるチャドウィックの「新救貧法」は、貧民に対する医療もしくは看護に関する配慮がまったくなされていないことに大きな不満を抱いていた。フロレンスは、「新救貧法」をめぐって、ダービシャーの地域評議委員をしていた父ウィリアムと、オックスフォード大学のギリシャ語欽定講座担任教授であるベンジャミン・ジョウェットとを交えて公に議論したことがあった。

フロレンスは父ウィリウムから古代ギリシャ語を習い、すでにホメロスやプラトンの著書を原書で読みこなせるほどになっていたということである。ジョウェットがプラトンの『対話篇』の翻訳第二版を出した際に、フロレンスはその書評をジョウェットに送って感謝されたことさえあった。

ジョウェットは、「新救貧法」が貧困者救済を謳っていながら貧民救済とは程遠いものになっているので、ただちに改正される必要があるというフロレンスの意見に同意した。二人は規則に違反した「救貧院」入居者に、あまりに過酷な労働や恐怖の罰則が科せられていることを知っていたからである。

ジョウェットとフロレンスは、その「新救貧法」が「エリザベス救貧法」ではなく、一七二三年につくられていた「救貧院テスト法」の継続であると理解した。「救貧院テスト法」とは、救済を受けたい人は救貧院で一連の仕事に従事しなければならないということを定めた法であった。フロレンスにしてみれば、「新救貧法」の目的が貧民救済ではなく、単に貧民を試す「救貧院テスト法」の改定版であるにすぎなかったのである。

「新救貧法」の厳しい規則と違反罰則は一般にも知れ渡るようになって、貧民は「救貧院」への入居を避けるようになった。全国に「救貧院」の数は増えたが、入居を求める貧民の数は逆に減り続けるという結果に至ってしまった。

ベンサムの知の遺産である「功利主義」を受け継ぐチャドウィックは、「救貧院」という貧困救済を建前とする施設を巧みに利用して、産業資本主義社会の中で産業に貢献できる労働力確保を図っていたのかもしれない。「救貧院」生活に失望を与えることによって、逆に、反発する力が生まれ、貧民は怠惰から立ち直り、社会で働ける人間になるであろうと安易な反面教師的役割を考えていたのかもしれない。

しかし、イギリス社会は一八四〇年代の所謂「飢餓の時代」に突入しようとしていた。「新救貧法」施行から数年が経ったばかりの時に、すでに国全体が深刻な不景気を迎えていたのである。「救貧院」には貧しい大人や子供、高齢者、働けない不治の病を患った病人までが救済を求めて殺到した。「救貧院」には診療所が拡充され、病棟が新たに創設されたが、どこの「救貧院」も間に合わない状況に陥ってしまった。しかも、「救貧院」の運営経費は嵩むばかりであった。

「新救貧法」が施行されて以来五年近くを経て、ようやく、チャドウィックは「救貧院」が貧民救済とは遠くかけ離れた存在になってしまっている実情に気付いた。「新救貧法」は彼が計画していたようには機能していなかったのである。また同時に、彼はある重要なことを認識するに至った。それは、貧民は怠け者であるが故にいつまでも貧しいと思っていたのが、実はそれが間違った思い込みであって、栄養不良によって病気に対する抵抗力が失われ、体力も気力も失われているという認識であった。彼らの多くが何らかの病にかかっていて、企業の雇用条件に相応しい働きができないというのが現実であった。

チャドウィックは、疾病の原因を究明し、食生活の向上や公衆衛生の改善こそが、彼らの体力や気力を回復させ、病の罹患者を減らすことができると考えるようになった。一八三七年までに彼は、貧困救済のための国家財政負担を減らすために、その手段として保健と防疫に着目し、実行に移した。まず、彼は医療アドバイザーとして恩師ベンサムと親しく交わっていたトマス・サウスウッド・スミス医師に協力を要請した。

ボストリッジ⑤によると、サウスウッド・スミス医師はヴィクトリア朝当初から、疫病は空気感染によって蔓延するという「瘴気説《しょうき》」の信奉者であり、当時の公衆衛生改革の筆頭に立っていた。チャドウィックは、サウスウッド・スミス医師の協力のもとで、貧困と病気の関係を明らかにするべく公衆衛生の改革に乗り出したのである。

その実績を年代順にあげると次のとおりである。


一八三八年、貧困家庭における幼児の死亡率が異常に高いために、「出生、婚姻、死亡に関する登録法」を実施して、子供の死因を認定する死亡届を義務付けた。

一八四二年、「イギリスの労働人口集団の衛生状態に関する報告書」を出版。

一八四三年、労働者の健康を管理する王立委員会を設置。

一八四八年、政府は「公衆衛生法」を発布、中央保健庁を発足。

医療統計学の専門家ウィリアム・ファーによって、医療や公衆衛生に統計学が導入され、死亡報告書に年齢や職業の明記、そして病名と死因に関する医者の正確な証明が義務付けられた。

一八五三年、一〇三のロンドン市街区は「公衆衛生法」の統治下に入った。

公衆衛生局員が任命され、各地域の衛生状態を調査するよう指示された。不潔な職場とされていた売春宿、皮なめし工場、ごみ処分場などを調査し、墓地や下水溝や給水施設や廃棄物処分場などを管理監督した。要するに、公衆衛生局員は衛生的な職場環境や住民生活及び生産労働者の保健に責任を負ったのである。

チャドウィックによって提起された国家的衛生施策は、社会改革と公衆衛生改善を一体的に調和、結合させるという壮大なヴィジョンに立って施行された。彼は、すべての流行病は社会の公衆衛生改善によって予防できると考えていたのである。

疫病の蔓延は、「公衆衛生法」成立以前では、患者を社会から切り離す隔離病棟などに閉じ込めることによってのみ防ぐことができると考えられていた。チャドウィックは、隔離主義によって、潜在的な病人と病気の予防との間に存在する因果関係が無視されることになり、衛生改善によって病気がどの程度予防できるかわからなくなってしまうと考えた。隔離しなくても病気は公衆衛生の改善によって一掃できるとも考えたのである。

一八四九年、テムズ川沿岸に設置されたごみ集積所について、チャドウィックは考えた。日本では江戸時代に実際に行われていたようなやり方で、集積所に溜まった排泄物を作物の肥料として有効利用することを考えていたようである。今日で言うリサイクル処理活用である。そのことについては、スティーヴン・ジョンソンが彼の著書『感染地図――歴史を変えた未知の病原体』において次のように明らかにしている。

エドウィン・チャドウィックも、ロンドンの下水に放置されている「宝」を信じる者の一人だった。彼が一八五一年に助手として制作にかかわった文書には、ロンドンの人糞を田園地帯の肥料にすれば、土地の価値は四倍も上がると書かれていた。彼はまた、この理論の「水中バージョン」、ひょっとして新鮮な糞尿を水路に撒けば大きな魚が育つのではないか、という考えも気に入った。(6)

こうした排泄物のリサイクル活用はチャドウィックの頭の中だけにとどめられていた単なる着想に過ぎなかったかもしれないが、彼が積極的に衛生環境の改善をしようとする意欲は、フロレンスにも大きな影響を及ぼしていたのである。

フロレンスは、チャドウィックらに導かれた公衆衛生改革の情報を家族に気付かれないように密かに入手して、夜を徹して読み、知識を養っていた。特に、一八三八年にサウスウッド・スミス医師が仲間の医師たちと共に貧民救済委員会に提出していた「ロンドン東部地域における貧民の実態に関する報告書」や「労働者階級の衛生状態」などを一八四六年に読んだ。さらにウィリアム・ファーが行った医師の診断による死亡報告書の義務化と医療統計学の導入の情報を得て深い関心を持った。

時代の流れが必然的にもたらしていた公衆衛生の変革や医療の進歩を、フロレンスは知識として自分の部屋の中で密かに蓄えていた。その蓄えはやがてクリミア戦争及びそれ以降に、優れた近代看護へと花開くことになった。

初めての看護

フロレンスには最愛の祖母メアリー・ショアがいた。イギリス国教会に所属していた彼女の生涯は、一般に言う幸福とは程遠いものであったが、半面、彼女の心はキリスト教信仰によって救われ、幸せに満たされていた。孤独であっても心の中では聖書の「ことば」が良き伴侶となっていたからである。

ちなみに、息子のウィリアムは結婚式に実の親であるショア夫妻を招待しなかった。その理由については明らかになっていないが、ウィリアムがピーター・ナイチンゲールの養子となり、莫大な遺産の跡取りとなっていたからかもしれない。ショア家から式に出席したのはウィリアムの妹のメアリー、すなわちメイ叔母だけだった。

祖母メアリーは夫を亡くした後も、夫と生活を共にしたシェフィールドの郊外の家に一人で暮らしていた。彼女は教育を受けたことがなく、読み書きに不自由な面があったが、聖書と祈祷書だけは読むことができた。フロレンスは祖母メアリーの祈りを聞いたことがあり、その声をいつまでも忘れることができなかった。

一八四三年、祖母メアリーの暮らし向きは急に悪化し、悲惨な状態に陥った。取引銀行が倒産し、夫が彼女に残してくれていた銀行の一万四〇〇〇ポンドにも及ぶ債権が無になってしまった。彼女は逆に、多額の負債を背負うことになってしまったが、それでも気丈に明るく生きていた。そんなある時、彼女は軽い脳卒中に襲われ、寝込んでしまったのである。

一八四五年、フロレンスは祖母メアリーの家へ父ウィリアムと一緒に見舞いに行った。父はすぐに帰ったが、フロレンスは家に残って、看病することにした。寂しい部屋の中で、フロレンスは数週間、彼女の手を握り締めて、聖書を読んだり、元気づけようと親族の若者たちの近況を話して聞かせた。

フロレンスの誠心誠意を込めた看病の甲斐があって、祖母メアリーは病から奇蹟的に快復した。フロレンスは後に彼女の看病をした時のことを、次のように書いている。

私はこうして病人とともに死の陰の谷を歩むことに、時として大きな喜びを感じます。病室の静寂のうちには、すべての現世的な悩み苦しみを軽減させるような何かがあります。神さまはわたしたちの翼を、そうした谷の流れで潤してくださるのです。私は久しい間、いまほど幸せなこと、感謝にあふれていたことはありませんでした。(7)

フロレンスは初めて看護に携わりながら、聖書の『詩編』を思い起こしていた。神の意のままにすべてを委ねると決めた時に初めて感じることのできる「静寂」こそ、神の慈愛に満たされた安らかな時であった。信仰という大きな力に支えられ、愛する祖母を看病することができた。祖母は回復した。フロレンスは喜びと幸福感、そして看病する恵みを与えてくださった神への深い感謝の気持ちに心が満たされた。倒産にも病にも負けず、元気に明るく振る舞う信仰深い祖母メアリーを、フロレンスはいつまでも、小さな巨人と讃え、尊敬した。

フロレンスはシェフィールドでの看病が終わるとリーハーストに戻った。その時、幼い頃から愛され、親しんできた乳母ゲール夫人が重い病に罹り倒れた。ゲール夫人の希望で家族と一緒に移ったエンブリ邸で、フロレンスは彼女を献身的に看病した。しかし、夫人はフロレンスの献身的な看病の甲斐なく静かに息を引き取ってしまった。

フロレンスは母ファニーに「お母様、生命なんて結局のところは、おそろしくたわいのないものにすぎないのです(8)」と言った。これは生命のはかなさをフロレンス独特の逆説で言い表したのであろう。人の命は「たわいのないもの」であるが、無意味なものと言っているのではない。「たわいのないもの」であるが故にそれは逆に貴重なものであり、かけがえのないものとして大切にしなければならないということであった。

二人の愛する老婦人の看病を通して、フロレンスははっきりと〈神の召命〉に応じる道を見出した。フロレンスの看護職への道はその二人の看病を原点として始まったのである。

勇気をくれたハナ叔母

一八四三年頃、フロレンスは自ら「夢想癖」と呼んだ病に取りつかれた。晩餐会などで友人たちと歓談をしている時や普段の生活の中でも突如、恍惚状態に陥った。現実を見失い、夢見るように幻想に身を任せてしまうことが度々あった。幻想が突然、恍惚状態の中で出現し、現実を覆ってしまうという倒錯が生じたのである。そうした不可解な病癖は精神的にフロレンスを追い込んでいった。

フロレンスのそのような奇妙な病癖を生み出す原因となっていたものは、彼女の両親だけでなく、親友であった一人の女性の存在であった。その女性というのは、彼女の幼馴染みで、長い間一緒に晩餐会などに出席し、仲良く語り合っていたマリアンヌ・ニコルソンであった。

マリアンヌはファニーの姉アンの娘で、フロレンスは彼女に信頼を強く寄せていた。そのマリアンヌにはヘンリーという弟がいたが、そのヘンリーがフロレンスにすっかり魅せられてしまい、婚約を迫ったのである。フロレンスは結婚など考えたこともなかったので、求婚を受け入れなかった。すると、親友であったマリアンヌがフロレンスに対して怒りをぶつけてきたのである。フロレンス自身の意思をまったく無視した思いやりのない強引な態度に、フロレンスはこれまでのマリアンヌとの友情と信頼が完全に崩れ去ったと痛感した。そして、衝撃のあまりフロレンスは意識を失ってしまったのである。

しかし、事はそれでは収まらなかった。この些細な出来事は当時のイギリス社会の常識に反する淑女の思い上がり行為として、フロレンスは批判の目に曝されることになったのである。フロレンスは上流社会の善男善女の中で孤立し、やり場のない怒りを感じながら必死に耐えた。幾度となく彼女は意識を喪失し、夢遊病者のようになった。そのような時、何故か彼女には自分の不可解な病に対する恥じらいの気持ちが一気に込み上げてくるのであった。

フロレンスの気持ちを、セシル・ウーダム－スミスは次のように書いている。

> 自分の運命の行き詰まりを感じて、彼女は絶望の淵に立っていた。自分には夢見ることしか許されていないのだろうか？　もはや両の瞼を閉じ、幻想の慰撫に包まれながら偽りの天国に身を委ね、得られるかぎりの幸せを満喫している方がよいというのであろうか？(9)

夢想に浸りながらそれを恥じらうといった自虐的とも思える苦しい状況の中にある彼女の前に、一人の女性が現れた。彼女はフロレンスに救いの手を差し伸べてくれたのである。その女性の名はハナ・ニコルソンであった。ナイチンゲール家の人々は彼女を「ハナ叔母」と呼んでいた。ハナ叔母はファニーの姉アンの夫ジョージ・ニコルソンの妹で、ナイチンゲール家と血縁がなかったので、フロレンス自身もそれまであまり会ったことがなかった。そのハナ叔母がたまたま来邸し、フロレンスの病癖を知り、フロレンスの心の中を即座に見透した。彼女はフロレンスが家族と仲良くできていないことや、心が病めるほど孤独でみじめな状態に陥ってることを察知したのである。

セシル・ウーダム－スミスによると、[10] ハナ叔母は、宗教心に非常に富み、思いやりが深く、心は清く、まさに尼僧のような女性であった。そのような女性が、フロレンスの心の病癖をもたらす問題から解放しようと力になってくれたのである。その後ハナ叔母とフロレンスは霊的生活や魂と神との合一の重さなどについて手紙を通して語り合うことになった。

ハナ叔母は手紙で、新約聖書の『コリントの信徒への手紙 Ⅱ』の第四章十六節「わたしたちは落胆しません。たとえわたしたちの『外なる人』は衰えていくとしても、わたしたちの『内なる人』は日々新たにされていきます。わたしたちの一時の軽い艱難《かんなん》は、比べものにならないほど重みのある永遠の栄光をもたらしてくれます。わたしたちは見えるものではなく、見えないものに目を注ぎます。見えるものは過ぎ去りますが、見えないものは永遠に存続するからです[11]」を引用して、現象界の出来事にとらわれることなく、霊的生活を深める生き方の有意義性を説き、フロレンスに人生を前向きに生きていく力を与えてくれた。そして、神の摂理に従って生きることの重要さを説いてくれたのである。

フロレンスは、「あなたの手紙は、現世的な夢が見えざるものの実相を次々に曇らせ、それを覆いつくすとき、いつも私の傍らにあって私の心を暖めくださるのです[12]」とハナ叔母への感謝の気持ちを書いた。

しかしながら、一見、意気投合しているかのように見えたフロレンスとハナ叔母との間には、信仰の信念やそれを表していく方向にまったく正反対とも言える違いが存在していた。ハナ叔母には修道女的な神への従順と奉仕という信念があった。彼女は苦しい現実を、自己に課せられた試練として受け入れ、必死に耐えて、常に神と一体となることを望みながら生きていた。そこに示された神との一体と神の救済はこの世ではなく、主の御元の「神の国」においてであった。この世は地獄の悲しみに満ちていると認識しながら死後の世界に希望をもって生き抜くという信念が存在していた。ハナ叔母にとって、「現実」は悪い「夢」であり、一過性の現象であるにすぎず、そこには真実は存在しなかった。彼女には、社会の現実を直視して不正を正そうとする現実世界の改革・改善などはあり得なかったのである。

フロレンスも、自分を耐えがたいほどに苦しめ続ける社会や家庭生活の現実には、神の意に反するものが幾多も存在しているということを認識していた。しかし、その現実を、神によって自己に課せられた試練として耐えることで救われるとは信じていなかった。現実世界の諸悪には耐えなければならないが、社会の因襲的な諸悪は人間自らの責任において改善し、神の意に適う世界を築かねばならないという信念を抱くようになっていた。すなわち、フロレンスにとって、「神の国」とは死後に訪れる永遠の霊的世界ではなかった。まさにこの世界、すなわち現実世界でなければならなかったのである。

二人の信仰の世界はまったく正反対の方向を向いていたと言える。しかし、若いフロレンスは、ハナ叔母の信仰の信念から現実の苦しみに耐えて生きる人間の力を知ることができ、同時にそれを反面教師的教訓として自己の生き方の新たな確信と勇気に変えることができたのである。

看護職への夢と失望

一八四四年、フロレンスを勇気づける出来事があった。アメリカ合衆国の博愛主義者サミュエル・ハウ博士とその妻のジュリアがエンブリ邸に滞在したのである。二人はアメリカ合衆国からヨーロッパへの新婚旅行の途中であった。

ハウ博士は一八二四年にハーバート・メディカルスクールで医学博士号を取得した後、盲目聾唖者の教育に優れた業績を打ち立てていた。また妻のジュリアは、黒人奴隷解放運動で活躍していた。

ハウ博士の名声は、ボストンのパーキンス盲学校の生徒であった全盲聾唖者ローラ・ブリッジマンの育成報告によってイギリスにも届いた。その評価を広めるのに貢献したのは、当時最も売れていた作家チャールズ・ディケンズであった。ディケンズは一八四二年にアメリカを旅し、『アメリカ紀行』を書いていた。その紀行文の中で、彼はボストンのパーキンス盲学校のハウ博士とローラに直接インタヴューし、その学校の教育と生徒の素晴らしさを褒め讃えた。

フロレンスは、ハウ博士については情報を得ていたようである。妻ジュリアの活動を理解し、全盲聾唖の生徒の能力を引き出すことができたハウ博士なら、自分の考えや計画を必ず理解してくれるだろうと思ったに違いない。

早朝に、ハウ博士に二人だけで語り合える時間をつくってもらって、フロレンスは積極的に自分の思いを聞いてもらったのである。(13)

彼女は次のように尋ねた。

「ハウ博士、イギリスの淑女がカトリック修道女のように病院や他の施設で慈善事業に奉仕するのは不適切で、相応しくはないと思われますか」

それに対して、博士は次のように言った。

「人の幸福のため、あなたの義務を果たすことにそれが相応しくないとか淑女らしからぬとかいうことはあり得ません」

この博士のアドバイスに彼女は励まされ、看護職への道へ邁進する勇気を得ることができた。

フロレンスはその後、両親の許す範囲内で、エンブリ近隣のイーストウェローの農村やリーハーストに隣するホロウェイ・ヴィレッジの貧しい病人を、今まで以上に献身的に看護するようになった。村人の臨終や難産にも立ち会った。そうした看病をするうちに、彼女は重要なことに気付いた。看護をしながら自分のできることといえば、実際にはただ寄り添い、励まし、慰めるのが精いっぱいであることを自覚したのである。

フロレンスは看護の指導や訓練を受けたことがなかったので、病院でどのような看護がなされているのかまったく知らなかった。

一八四五年頃、ロンドンの市民病院は、労働者階級の膨張に伴って各種病棟が増設されて大規模化されていた。しかも、すでにロンドンではキングスカレッジ病院やガイ病院などで医師による看護師育成がなされるようになっていた。彼女は当然、その程度の情報は得ていたであろう。しかし、ロンドンまで出て看護を勉強するなんてことはとても許されることではなかった。

フロレンスは村の病人を看護した体験から、大きな病院で医師の仕事を手伝ったり、指導を受けたりすることによって、看護に必要な医療の「知識」や「技術」を身につけねばならないと考えるようになっていた。何とかして看護を学べる市民病院をエンブリ邸の近くに探さなければならないと思うようになったのである。

ハンプシャーの隣のウィルトシャーの古い街ソールズベリを、一人でよく訪れるようになっていた。カトリック教会や女子修道院に関心を持っていたフロレンスは、童貞マリアを讃え、外壁に並んだ彫像にその信仰美を誇示するソールズベリ大聖堂と、その周辺のヨーロッパ中世の面影を留める落ち着いた雰囲気の門前街が気に入っていたのかもしれない（口絵6頁参照）。

その古い街のはずれに、十八世紀末に創設されたソールズベリ総合病院があった。その病院は一八四五年に、老朽化した部分の建て直しや婦人専用の病棟などの大幅な建て増しがあったとされている。おそらくその直後であろうが、フロレンスはその病院で看護の勉強をして働きたいと考えるようになった。両親には内緒で、時間があればその病院に出かけて行った。当時その病院で有名であったファウラー医師の手伝いをしながら、指導を受けたいと願うようになった。そして、医師の承諾を得ることができ、看護師として正しい知識と高度な医療技術を身につけたいという思いが叶えられる時が到来した。本格的に当病院に通うことに決めたのである。

一方、ファウラー医師の方は、フロレンスを指導するうちに、看護師としての優れた才能に気づくようになった。彼はフロレンスの相談に積極的にのってやり、三カ月間正確な医療知識を習得し、自ら看護の技術を高めるという彼女の計画を了承したのである。

その後それほど日が経たないうちに、地方の名士と夕食を共にすることを嗜《たしな》みにしていたフロレンスの父ウィリアムは、たまたまファウラー医師夫妻をエンブリ邸に迎えることになった。夫妻が滞在するその夜、夕食の席でフロレンスはソールズベリ総合病院での計画を両親に打ち明けた。彼女は医師夫妻が自分の後ろ盾になってくれると思って打ち明けたのだが、両親はその計画を聞くと非常に大きな衝撃を受け、間髪入れずに猛烈に反対した。その激しい剣幕に、ファウラー医師夫妻は驚き、恐縮のあまり、両親の反対意見に同調してしまった。

ファウラー医師は当然、当時の看護師の実態ばかりでなく、看護師に対する世間での評判を熟知していたであろう。それで、とっさにフロレンスを庇うことができなかったのであろう。

ソールズベリ総合病院で看護を学びたいというフロレンスの願いに両親が激しく反対した背景には、看護という職業への根強い偏見があったばかりではなかった。上流社会の淑女でありながら、普段から一般世間の社会通念に断固従おうとしないフロレンスに対するやるかたない不満を重ねて爆発させたのかもしれない。結局フロレンスは、看護師になるための指導を受けて勉強するという希望を、無残にも踏みにじられてしまったのである。

一八四五年十二月、フロレンスは看護師になるという計画と、それをうまく実現できない自分の苦しい状況を、心優しい従妹ヒラリー・ボナム・カーターに手紙で次のように書いた。

あなたは私の計画をばかげているとお笑いになるでしょうね。でもこの計画の生みの母である私にとっては、それは大変貴重なものとなっているのです。計画が生まれてから崩壊するまでの間に、私の魂は枯死してしまうのではないでしょうか。私には今後も、何一つできないのではないかしら。このままでは私は塵にもひとしい、無益な存在です。私たちの主イエス・キリストがふたたび地上を歩まれるなら、私はただちに主のみもとに行って、「この私を変わりばえのしない生活のうちに送り返すことが、本当にあなたの御心なのですか？」と伺ってみたいと思います。現在の生活は、むなしさと欺瞞で私を押しつぶしてしまうでしょう。ああ、この

情けない生活を過去へと運び去ってくれる、強力なきっかけがないものでしょうか？(14)

フロレンスの看護師になるという計画は無残にも一瞬のうちに踏みにじられてしまったが、それでもフロレンスはその悔しさを両親やファウラー夫妻にぶつけることなく、神に祈って神の御心の真意を問うていたのである。

その悪夢のような出来事の後、フロレンスは両親の許可なく自由に外出することを禁じられ、両親の厳しい監視に耐えて、生きていかなければならなくなった。

彼女の失望感は深まり、一時、自殺を考えるほどにまでなった。失望は絶望に変わりつつあったが、それでも彼女には救いが一つだけあった。それは聖書の中に記された神の「ことば」であった。

祖母メアリーやメイ叔母のキリスト教信仰の遺伝子は、フロレンスの中にしっかりと息づいていたのである。閉鎖された孤独な世界に無限の世界を可能にしてくれる夢想の世界で、聖書を生きる支えとして看護への道を模索し続けたのである。

キリスト教信仰をめぐる葛藤

ナイチンゲール家には、祖母メアリーだけを除いて、イギリス国教会の信者は存在していなかった。しかし、ファニーの意向で家族そろって、イギリス国教会のウェストミンスター大寺院に隣接する聖マーガレット教会の礼拝に出席するようになっていた。ところが、フロレンスを除く家族三人はイギリス国教会のキリスト教義そのものへの関心はほとんどなかった。国教会の信者の多くが上流社会の紳士、淑女であったため、その人々と交流することが目的であった。

父ウィリアムは確固たるユニテリアンで、イギリス国教会の主教や司祭の存在を認めていなかったはずであるが、知識人にありがちな優柔不断な性格の持ち主でもあった。それで、妻ファニーの言いなりになって教会へ通っていた。フロレンスは、父ウィリアムとは異なる性格の持ち主であって、神と直接に向き合う信仰のあり方がしっかりと身についていた。ローマ・カトリックを源流とするイギリス国教会の教義や信仰のあり方などを通して、神と信仰の問題に真摯に向き合っていたのである。

また、イエス・キリストを神の子と崇めることもなく、また、聖霊の働きなどを認めることもなく、「唯一絶対なる神」のみを信仰の対象とするユニテリアンの信仰のあり方には、彼女は興味の対象としては物足りなさを感じていた。神とその子イエス・キリスト、そして、イエスの昇天後に神が人間に降臨させた聖霊などの「三位一体の神」に魅かれるようになり、強い関心を抱くようになっていた。フロレンスは一八四〇年代に書き溜めていたエッセイをまとめて、一八六〇年に六部だけ自費出版した『思索への示唆[15]』で次のように書き残した。

一神教がその退屈さゆえに退けられたとしても、何の不思議もありません。ユダヤ教やユニテリアン派はその最たるもので、どちらも純粋な一神教です。カトリックでは天使、悪魔、聖人、聖母、神の子といったものによって、宗教は確かにより刺激的なものになっています。[16]

フロレンスは、人間が苦しんでいるのをただ悠然と眺めているだけで何の刺激も及ぼさない神を讃美するだけの形骸化した宗教を信じることはできなかった。

彼女は一時、カトリック教会に魅かれたことがあったが、教義内容を前向きに理解する彼女は、規律や戒律だけを守り、一定の祈りを繰り返すだけの信仰は心の中では省いていた。聖書の中に表された天使や聖霊や聖母、さらには「受難」と「死」と「復活」といった想像性に富む不思議な出来事を愛した。それらは生活を導いてくれたり、失望や悲しみを励ましてくれたり、さらに、人間を高みへと聖化してくれたりした。フロレンスにとってその世界に生きることは歓びであり、人生に希望さえ与えてくれた。そして、フロレンスは聖書の世界に自由な想像力を働かせて読み、考えることによって、人生と真摯に向き合うことができるようになった。さらに、自由な信仰と喜びを閉じ込めてしまう社会通念や世俗的な因襲に対して立ち向かう力さえも得たのである。

彼女は家族の圧力に屈することなく、神から見放されている存在とされていた貧しい病人のもとに入っていった。自己の行いをイエス・キリストの行いと一致させることによって、神と一体化される喜びを感じるようになったのである。

フロレンスの優れた想像力と知性は、キリスト教信仰と聖書の世界に自由と希望を見出すことを可能にし、苦境を乗り切る力となったのである。その想像力と知性の源泉は、神が信仰をもって生きる女性にだけ授けてくれた才能であり、まさにそれこそが女性にしかない優れた「感性」であると確信するに至ったのである。女性はその「感性」を倫理的活動の実践に活かし、励まなければならないという信念をフロレンスは抱くようになったのである。

そうした信念を抱いてフロレンスはさらに、女性が世界的視野に立ち、社会環境の中にあって知的教養と倫理的活動の場を自ら忍耐強く追求し、認められるよう努力すべきだと考えるようにもなっていた。

『思索への示唆』の中でフロレンスは、一八四〇年代のナイチンゲール家の家庭のあり方を振り返って次のように書いている。

家庭は家族を利用します。その存在目的のためにではなく、また家族それぞれに意図されている目的のためにでもなく、家庭が欲する目的のために——家庭自身のために使うのです。家庭が考えている人間は、神がおつくりになったとおりの人間ではなく、こうあるべきだとして家庭が手を加えたものです。誰かを居間で接待にあたらせたいと家庭が思うと、その誰かが家族の中から供出されるのです。たとえその誰かが学問や教育、あるいは神、つまり、内なる天分により活動的な指導者の道を歩む定めとなっていたとしてもです。

家庭というこの制度は、ある人々を救いがたい未成年のままにとどめ、また別の人々には、無言のまま悲惨な境遇に耐えることを求めるのです(17)。

フロレンスにとって、神への従順とはイエス・キリストの行いに倣って行動することであり、それこそは神が、天命として、優れた感性を有する女性にのみ授けた倫理的活動であった。したがって、女性の倫理的活動を社会や家族が妨害したり、抑制したりするようなことはあってはならなかった。

一般市民階級の家系の出であった母ファニーは、貴族階級の家系を継ぐ人々と交流し、血縁関係になりたいと躍起になっていた。両親は社交界での体面だけを重んじ、家族全体をその中に巻き込み、犠牲にすることに何の躊躇《ちゅうちょ》もなかったのである。

しかし、そのような生活はフロレンスにとって何の希望もなく無価値なもので、受け入れがたいものであった。信仰を捨てて媚びと妥協に生きることは、自殺行為にも等しかった。

そのような家族のあり方にフロレンスは激しい怒りを覚えるようになった。彼女にとって、家族とは「牢獄の掟」に縛られ、固く閉ざされた門の中だけに存在する絶望的な狭苦しい世界であった。

『思索への示唆』に示された上流社会の家庭に対する鋭い批判の目には、イギリスの一般女性では到底及ばない信仰に導かれた鋭い洞察力が発揮されていたのである。

エッセイ「カサンドラ」にみるフロレンスの闘い

フロレンスの鋭い洞察力は、上流家庭に深く根付いていた因襲を「カサンドラ」[18]というエッセイにおいて暴き出した。このエッセイは一八五二年に書かれたとされているが、その中身は苦しい一八四〇年代に書きとどめられた彼女の心の叫びに他ならない。

「カサンドラ」という表題は古代トロイアの悲運な一生を終えた王女の名前である。彼女は絶世の美人預言者でもあった。彼女は、古代ギリシャ悲劇詩人アイスキュロスの有名な戯曲「オレスティア三部作」の『アガメムノン』に登場する。

王女カサンドラは勝利目前のトロイア軍に対してギリシャ軍が企んだ起死回生の策略を企んでいることを予知し、訴えるが聞き入れられず、結局トロイア軍は壊滅し、国は亡んでしまう。戦争後カサンドラはギリシャ軍の大将アガメムノンに捕えられ、ギリシャに連れて行かれるが、結局アガメムノンの妻クリュタイメストラに殺される。

フロレンスは悲劇の王女カサンドラを自己と重ね合わせて、最初は小説を書こうと試みたが、結局エッセイになってしまったということである。それほどまでに、一八四〇年代のフロレンスの閉塞的状況と失望感は大きく深かったのである。

ナイチンゲール家は、十九世紀イギリスの上流社会に浸透していた常識を忠実に守って、社交に多額のお金を投じて上流社会の一員であろうと努める、いわゆる成り上がり志向の一家であった。そのためパースノープやフロレンスには社交界の華となることが求められ、階級を意識し、上流家庭に相応しい気品と淑やかさ、そして従順が常に両親から求められていた。それはまた、上流社会の要求でもあった。親の言うことに逆らうようなことがあれば、性格破綻者として社会を敵にまわすことにさえなりかねなかったのである。

フロレンスは女性といえども一個の人間として、束縛と強制に強い反感を抱きながら、誰にも言えない思いをエッセイにして書き残していった。そこには、女性は社会的存在としていかに不自由であるか、また女性として本来あるべき性格がいかに歪められているか、といった問題にまで募る思いが書かれている。

二十歳代のフロレンスは、社会通念にひたすら従って生きる母ファニーと姉パースノープを相手にまわして、自己の意志を曲げることなく、激しく敵対した。また、知識があり、フロレンスの良き理解者であるはずの、温和な性格の父ウィリアムでさえファニーの言うなりになっていた。

そのような家族や社会を敵にまわして、フロレンスはどのような閉塞状況に陥ろうとも、まさにカサンドラのように屈することなく絶対に妥協することはなかった。

レイ・ストレイチーは『イギリスの女性運動史　1792–1928』の「第一章　家庭という監獄」においてフロレンスを取り上げて、「カサンドラ」を評価して次のように書いている。

彼女が「カサンドラ」と呼んだエッセイがある。それは彼女の言葉で言うと、「群衆のなかで『主の道を備えよ』と叫ぶ人の声」である。それは恐るべき一編であり、軽蔑もあらわに、社会に弁明の余地を与えない厳しい告発を突きつけた。ナイチンゲールは「カサンドラ」で、女性の不満が沸き上がる理由をすべて解き明かしている。これを読めば十九世紀初頭の社会因襲では許せなかった多くのことを、女性たちが実生活で要求し始めたことも当然だと思うだろう(19)。

「カサンドラ」へのストレイチーの高い評価は、それが社会的に抑圧された女性の不満の理由を見事に再現している点にあると理解できる。ストレイチーがフロレンスを社会因襲の「告発」者と位置付けているのは的を射ているであろう。しかし、フロレンスの社会批判の根本には、フロレンス自身が聖書の「ことば」である「主の道を備えよ」を引いて世に訴えようとしていたことから察して、ストレイチーの評価とは違って、まさしく純粋にキリスト教信仰の信念があり、それに基づいていたと考えるのが自然である。

「カサンドラ」を書く動機がキリスト教信仰の強い信念と結びついていたが故に、普通ならば社会通念に準じて娘が折れることによって克服されたであろう母と娘の軋轢《あつれき》の問題が、フロレンスにとって妥協の許されない重大な問題となった。

フロレンスは「男性がつくり出して女性が受け入れてきた因襲的な社会では女性は何をもってもいけないし、偽善の茶番劇――自分たちは情熱はもち合わせては《ならない》のだという欺瞞

――を演じ《なければなりません》。ですから、女性たちは自分に向けた欺瞞を娘に対して繰り返す以外に何が言えるというのでしょうか[20]」と書いている。

母親は、欺瞞を娘に押しつけておきながら、知人などには娘の教育に苦労している、とこぼすのである。母親の教育は娘を欺瞞と偽善に満ちた因襲の檻の中に閉じ込め、娘の個性や夢を捨てさせようと大きな圧力をかけ、娘としての「義務」だと称して強要する。母親が押し付ける「義務」と教育を、フロレンスは社会の「悪い習慣」と言い放った。

　今は女性は知性の光のもとでは生きていくことができません。社会がそれをさせないのです。女性の「義務」とよばれるとるにたらない因襲的な事柄があるためにそれができないのです。女性の「家庭内での義務」――これは耳には快くひびく言葉ですが大方は悪い習慣にすぎません。（しかしそこから自分を解放して自由になる勇気がなく、それをうちやぶる強さもない）――これがあるのでできないのです[21]。

フロレンスが怒りを覚えたのは、自己抑制を娘にばかり押し付ける家庭や社会のあり方ばかりではなく、自己の意思を抑制することこそ淑女の美徳と信じて疑わない、すなわち「女の使命」を取り違えている女性自身に対してでもあった。

さらに、自己を抑制し、社会の価値観にすべてを委ねてしまう生き方を美徳とする女性に対して、次のように疑問を投げかけた。

自分は「個人的な希望や計画は何もありません」と言えるようになったとき、偉大な勝利が達成されたとさえ信ずることとなるのです。主より授けられた資質を価値のないものとして投げ捨てて、代わりに世間のことに没するとはいったいどういうことなのでしょうか[22]。

神の前に自己を無にすることは、自己を無価値なものとして捨て去ることではない。偉大な勝利を得ようとはせず、価値観をすべて世間の因襲に委ねる女性に対して、フロレンスは神への冒瀆に等しいことだと怒りをぶつけたのである。

女性が淑女として評価されたいがために、不満や主張があっても、自己の内に封印して、巧みな話術で、あたり障りのない冗談や機知に富んだ教訓談に変えて、男性のご機嫌を損なわないようにする。要するに、内心や本音を押し殺して表面的な、あるいは体面的なことばかりを追い求め、男性中心社会を上手に生き抜く女性――フロレンスはそうした女性に対して鋭い批判の目を向けていたのである。

社会生活の歴史においてほとんどいつの時代にもいわば異なった方向に流れる底流の傾向が二つあります。片や自分の有用な適性を徹底的に生かしてゆこうと夢みる気高い女性がいます。

また一方自分が自発的にかきたてた期待なのにそれを顧みずにいつも何か目新しいものに心を向けていたり、またおそらく自分の意の向くままに引き受けながら、他人の人生を台なしにしていることに気づかずに「自分自身のための人生を拓く」ことをいつも話したりする、利己的な夢を追っている女性もいます。これがもうひとつの醜い面です(23)。

フロレンスにとって自己の天職を信念でもって成し遂げることが夢であった。それはまた、主イエス・キリストが備えてくれた道を歩むことでもあった。信仰に支えられた強固な意志によって、彼女はその夢の実現のためには絶対に妥協することはなかった。欺瞞に満ちた「ひとつの醜い面」は多分母親のファニーのことを指しているのであろうが、それだけでなく上流階級の女性の多くを指しているのであるかもしれない。しかし、この箇所はいろんな女性たちに出会っては失望したり、逆に励まされたりしたその経験から書き足されたものであろう。それは、フロレンスの、自己の人生だけは「ひとつの醜い面」であってはならない堅い決意であったのかもしれない。

フロレンスは、女性が「義務」に縛られ、居間や社交界の飾りに納まるのではなく、社会において「情熱」や「知性」をいかんなく発揮して「倫理的活動」に勤しむことのできる自由な社会を熱望した。そうしたフロレンスの思いが「カサンドラ」には込められていたのである。

ミルンズとの出会いと別れ

一八四二年、前年までロード・グレー内閣の外相を務めていたパーマストン卿夫妻が、エンブリ邸から五キロ程離れた、鉄道の駅がある街ロムジーへ引っ越してきた。ナイチンゲール一家はそのパーマストン家の晩餐会に招かれた。その会席の場で、二十二歳のフロレンスは、十一歳年上の文学青年リチャード・ミルンズに出会った。ミルンズはテニスンやサッカレイといった文学者と親交を持ち、自らも瞑想的な詩人として活躍していた。

宴会でミルンズは一目でフロレンスの魅力の虜になってしまった。その後、ナイチンゲール家が主催する宴会には必ず出席するようになった。

ミルンズは当時、一八三三年に始まったオックスフォード運動の唱道者の一人であった。オックスフォード運動というのは、イギリス国教会のあり方をローマ・カトリック教会の位階制度や教理及び典礼儀式などと照合し、見直して、カトリックの神学校や修道会の復活などを推進し、聖職者の権威を高めようとする運動であった。

この運動の背景には、イギリス国教会を脅かす新しいプロテスタントやカトリックの台頭があり、キリスト教のあり方に大きな改革の嵐が吹き荒れていたことがあげられる。

十九世紀に入って異教徒刑罰法が解かれ、ローマ・カトリック教会や長老会派やユニテリアンなどが自由に活動できるようになった。また形骸化しつつあったイギリス国教会に見切りをつけ、社会福祉活動や学校教育の充実を通してキリスト教を伝道するメソジスト運動がイギリス全土に旋風を巻き起こした。さらに、労働者階級が台頭し、社会主義が浸透していき、社会は大衆化の道を歩み始めた。そうした状況の中で、それまでイギリスの歴史を築いてきた教会や教区中心の保守的社会は揺るぎ、高い教養や高貴な気品、理性や秩序を重んじる文化と伝統は失われようとしていた。こうした社会の変化で、最も変革を迫られたのはイギリス国教会自体に内在する意識であった。イギリス国教会の権威の向上を求める自覚や認識がオックスフォード運動を生み出したのである。

フロレンスは、ミルンズと話す機会が多くなるにつれて、彼が教会の権威を重んじる保守的なオックスフォード運動推進派でありながら、既成の社会通念にとらわれない自由なメソジスト的主義主張の持ち主であることを知った。

フロレンスが特にミルンズに魅かれたのは、彼が少年の犯罪が多発する社会にあって、少年犯罪者を大人の刑務所から分離して、少年少女のための救護施設をつくるべきだと主張し、その運動に力を注いでいたからであった。

しかし、フロレンスは、魅かれながらも、彼への疑問も抱き始めた。その疑問とは、ミルンズが彼女の家族と非常に仲良くしていたことから自然に湧き上がってきたものであった。

母ファニーは、ミルンズの精神性にはまったく関心を示さず、彼が上流階級の資産家の子息で、代々イギリス国教会に属し、教養も才能も申し分ないという理由で、非常に気に入っていた。彼をエンブリ邸に何度も招き、家族同然の付き合いをするようになった。そして、気難しい娘フロレンスとも話が合っているのを見て、是非とも結婚させたいと考えるようになった。夫のウィリアムもファニーとまったく同じ気持ちであった。

ミルンズの社会的活動や宗教観はフロレンスにとって申し分ないことであったが、しかし彼は、自分を彼の活動や改革運動の中に共にいる仲間として見なそうとはしていないのではないか、彼にとってあくまでもナイチンゲール家の御息女であり、家庭にいて、彼の存在に添えられる頭の良い美しい飾り花でしかないのではないか、という疑問であった。それはフロレンスの両親が彼女に期待していたことと同じであり、結婚はその期待に応えることでもあった。結婚への疑問は心の中に深く大きく広がっていったのである。

彼女の気持ちを綴った『思索への示唆』の中で、家庭生活について、フロレンスがミルンズの求婚を断るに至った思索の過程が「個人的メモ」として明らかにされている。それは次のようなことである。

満たされることを求めている私の知的な面は、彼にその満足を見出すだろう。満たされることを求めている私の情熱的な面も、彼にその満足を見出すだろう。けれども満たされることを求めている道徳的で活動的な面は、彼の人生に見出すことはできない。……

彼の人生に耐えられないことはわかっている。今までと同じことの継続、別の生活をするという希望もないままに、今の生活にさらに輪をかけたような人生に釘づけにされるのは耐えられない。真実で豊かな生活を独力で築けるチャンスを自ら逃すのは、自殺行為のように思える。(24)

ミルンズとの交際とは別に、フロレンスは自ら教養を高め知識を広くしていくうちに、ある一つの真理に到達していた。それは、社会や人生において、唯一絶対なる価値観は存在しないということであった。

フロレンスはミルンズに結婚を迫られながらも、また、家族から圧力をかけられながらも、それらに屈することなく、また、結婚を幸福への絶対的条件と見なすこともなく、自己の将来の人生を相対化して、客観的に見つめ続けていた。

すなわち引用文にもあるように、フロレンスの知性は、社会通念に浸透された唯一の絶対化された「面」からだけではなく、世界の中心を移動させながら「知的な面」、「情熱的な面」、「道徳的で活動的な面」といった三様の「面」を想定し、仮想世界を創り出していたのである。そして、そのそれぞれの仮想世界から、現在と未来の双方に焦点を合わせて結婚の良し悪しを判断したのである。

こうした相対的な世界観には、十六世紀の宗教思想家の影響を見ることができる。その思想家とはイタリアのジョルダーノ・ブルーノである。キリスト教の唯一絶対なる「神」を中心とする世界は固定的で有限であるが、ブルーノは『無限、宇宙および諸世界について』（清水純一訳、岩波文庫）で宇宙の無限性を説き、世界の多様性と相対性を主張した。ブルーノによると、宇宙は無限の広がりであり、世界はいかなる場所にも存在する。そして、その場所は無限に在る。まさしくキリスト教義の一つの神を中心とする絶対的世界を完全に否定する思想であり、異端的世界観であった。

そのブルーノに関して、フロレンスはブンゼン男爵（本書七四頁参照）から著書などを紹介されていたのであろうが、彼女が深く傾倒したとされている思想家の一人である。そして、ブルーノの異端的な相対的世界観はフロレンスに大きな影響を及ぼしていたと考えられる。

フロレンスの相対的世界観と自由な仮想世界は、社会通念という絶対的な柵の中で生きている上流家庭の淑女たちから見れば異常であったに違いない。まさにブルーノと同じ異端者であった。母ファニーや姉パースノープからも、フロレンスは家族の異端者になっていた。

家庭で孤立したフロレンスは仮想世界すなわち夢想の世界を創りあげて、その中に夢中になるようになっていた。そのような状態になることを彼女自ら「夢想癖」と呼ぶようになった。「夢想癖」に取り付かれたフロレンスは現実とはまったく異なるミルンズの幻像を夢想の中に創り出すようになっていた。そして、幻像のミルンズは彼女の夢想の中で独り歩きをするようになっていたのである。

一般常識で考えるならば、夢想の世界とは人の脳の内にだけ存在するものであり、現実ではない。しかし、フロレンスの世界では夢想と現実の区分が消えていた。真実は夢想の中にあり、現実は悪習に満ち、女性に取り付いて人間らしさを奪い去ってしまう敵視すべき世界であった。そうした倒錯した価値観は世の常識を超越した世界、すなわち夢想の世界で交錯していたのである。

また人生の選択においても、当時のイギリスの中流以上の家庭の息女は、結婚以外のものに幸福を求めることは許されないのが常識であった。それが、よりによって上流家庭の淑女が、結婚を捨ててまで社会的活動を選択するなんてことは許されざることであった。

フロレンスはそうした世の常識は熟知していたが、高い理想を抱いて宗教改革運動の担い手となって社会活動をしていたミルンズなら、自分の理想を理解してくれ、協力してくれると信じたのである。ミルンズの幻像はそこから生まれたものであったであろうが、夢想の中では彼女の期待に確実に応えてくれる存在であった。しかし、現実は女性の方から男性の思いを確かめるなどということはありえないことであった。

フロレンスの相対的世界観は、普通の女性では絶対に見抜けない真相を視界に入れたのである。それは、ミルンズが結婚に求めている女性は、夫のためにまた家庭のために自己を犠牲にさえする常識的な女性であること、すなわちその時代の上流社会の一般的な男性と何ら変わるところがないということであった。そして、ミルンズとの結婚生活は「悪夢」の延長ではないかと思うようにさえなっていったのである。フロレンスは長い時間をかけてミルンズを観察して、ようやく得られた結論が婚約破棄であった。

そういうフロレンスの思いなどにはまったく頓着なしのミルンズは、彼女に何度となく結婚を申し出た。しかし、彼女はそのたびに返事を引き延ばした。最初の申し出からすでに五年が経ってしまった。結婚引き延ばしに対する家族や親戚や知人たちからの風当たりは大変なものであった。両親が勧めた結婚を五年も引き延ばすということは、良家の息女にはありえないことであった。

ミルンズに直接、結婚の断りを伝えたのは、さらに二年経ってからのことであった。時間が経ちすぎていたせいか、ミルンズはフロレンスから断られても特別な反応を示すことなく、あっさりと承諾した。しかも、彼はすぐに別の女性との交際を始め、間もなく結婚してしまった。フロレンスのミルンズに対する判断は正しかったと言えるかもしれない。しかし、それによって彼女自身の苦しみはさらに募っていった。彼女の心の中にはミルンズに対する未練があって、その勢いはむしろ拡大していた。彼の幻像は心の中に生き続け、結婚とは関係なく、二人で社会活動に励む虚の世界に確実に存在していたのである。

一方、家族からの風当たりは一段と強くなった。それに比例するかのように、フロレンスの「夢想癖」はひどくなっていった。そして、ついに最悪の事態へと至ってしまった。幻想の世界と現実の世界との倒錯が日常茶飯事に起こるようにさえなってしまったのである。無意識のうちに突如、夢想世界に没入し、現実を見失ってしまうことがあった。社交の場でも「夢想癖」は起こった。母ファニーはそのようなフロレンスを人前に出さないようにした。娘の身を案じるのではなく、大切な宴会が台無しになってしまうことを恐れたからであった。

フロレンスは、自分の精神状態を意識すればするほど、自ら人目を避け、孤独な心は苦痛に苛まれた。異常なほどに神経は衰弱し、体はやせ細っていった。ミルンズとの結婚の是非から、苛《さいな》酷な人生体験をしてしまった。しかし、そうした状況の中にあっても、彼女は妥協を一切せずに、自己の信念を貫き通したのである。

しかも、苦況の中にあるフロレンスを神は見捨ててはいなかった。彼女が精神を病んでいることを見抜いて救いの手を差し出した人がいた。彼女をローマのバチカンへの旅に誘ってくれ、病を癒やしてくれるブレースブリッジ夫妻、また、その旅行先のローマで知り合い、彼女に看護師への道を開いてくれ、最期まで彼女の支えとなってくれた若き政治家シドニー・ハーバート、さらに父ウィリアムとの和解など、まるで奇跡でも起こったかのように彼女に希望の光をもたらしてくれる出会いや出来事が次々と起こったのである。

第二章　フロレンスから看護師ナイチンゲールへ

カイザースヴェルト・ディーコネス学園への留学

フロレンスの思想形成や看護師への道に非常に大きな影響を及ぼした人物はブンゼン男爵であった。ブンゼン男爵（クリスチャン・フォン・ブンゼン）とは、イェルサレムにイギリス・プロシア合同の主教管区を設けるために、一八四一年からロンドンに在住していたプロシアのイギリス王室特使である。哲学や宗教思想に深い知識があり、世界の歴史上の哲学者、神学者、歴史学者などに精通していた。彼の名声は知識人の間では国際的に広く知れ渡っており、彼の住居であったカールトン・テラスは、イギリス国内ばかりでなく世界各国からも学者や知識人が集う場になっていた。

一八四二年、フロレンスはミルンズの紹介を経て、カールトン・テラスへ出かけて行き、ブンゼン男爵と個人的に会うことができた。そして、直接にブンゼン男爵から、自由な思想を貫いて異端者となった神学者や十九世紀にドイツで始まっていた宗教団体による慈善事業など様々な話を聞くことができた。その話の中で、ブンゼン男爵はフロレンスにフリートナー牧師のカイザースヴェルト・ディーコネス学園の話をしたが、その時はまだほとんど関心を示すことはなかったらしい。

フロレンスがミルンズとの結婚を引き延ばして、苦しい日々を送っていると察知したブンゼン男爵は一八四六年、カイザースヴェルト・ディーコネス学園の会報誌をフロレンスに送った。

カイザースヴェルト・ディーコネス学園とは、ドイツ福音主義教会のフリートナー牧師が一八三三年に、刑務所を釈放されたばかりの女性を救護し、更正させる施設として自宅を開放したのが始まりであったとされている。フリートナー牧師夫妻はさらに一八三六年、教会の社会福祉事業に奉仕する女性を養成する施設を創設し、養成課程修了の証明に「ディーコネス」という称号を授けた。さらにフリートナー牧師夫妻は、孤児院や幼稚園をはじめ看護学校や病院をつくり、教師や看護師を養成した。

シオバン・ネルソンはその著書『黙して、励め――病院看護を拓いた看護修道女たちの十九世紀』(原田裕子訳、日本看護協会出版会)で、ディーコネス会の起こりやイギリスのプロテスタントの宗派から始まったディーコネス運動などを詳しく論じている。

そもそもイギリスでのディーコネス運動と呼ばれるに相応しい運動は、「コレラ」が流行した一八二九年頃に遡り、クェーカー教徒のジョシュア・ホーンビーがリヴァプールの貧しい病人のために家庭訪問をして看護を行う拠点づくりをしたことに始まる、とされている。その後、クェーカー教徒のエリザベス・フライはドイツのディーコネス学園を訪問し、フリートナー牧師から直接に学び、ロンドンに看護教育を始めたとされている。最初は多くのプロテスタント教派の女性に始まり、そして信仰生活とは無縁の女性たちにまで看護奉仕活動が開放されていったのである。「ディーコネス」という語の起源をたどれば、それは、聖書の一節にある。フリートナー牧師は新約聖書からその由来を知り、活用したのである。

新約聖書の『ローマの信徒への手紙』第十六章には次のように記載されている。

ケンクレアイの教会の奉仕者でもある、わたしの姉妹フェベを紹介します。どうか、聖なる者たちにふさわしく、また、主に結ばれている者らしく彼女を迎え入れ、あなたがたの助けを必要とするなら、どんなことでも助けてあげてください。彼女は多くの人々の援助者、特にわたしの援助者です[25]。

使徒パウロは、教会の助祭職あるいは神への「奉仕者」（『新オックスフォード版聖書』*The New Oxford Annotated Bible*, p.1378には「奉仕者」は「ディーコネス〈deaconess〉」とある）として男性だけでなく女性（フェベ）を認め、彼女を援助するようローマの信徒に求めた。それが女性の助祭職すなわち「ダイアコネイト」の始まりとされている。使徒パウロに倣って、プロテスタントのフリートナー牧師は助祭すなわち「ディーコン」の女性称号「ダイアコネイト」の英語訳「ディーコネス」に着目して、プロテスタントの信仰に基づいてカトリックの助祭職とは異なる慈善事業の奉仕活動に核となって働く女性の道を切り開いたのである。

彼女たちはディーコネス学園施設の中で共同生活を送りながら、牧師の精神的指導を受け、奉仕活動の修練を終えると、社会に出て奉仕活動に励んだ。

カイザースヴェルト・ディーコネス学園に入園する際の手続きに関しては、カトリックの修道女とは一線を画して、持参金制度や請願宣誓式といったものはなかった。信仰深く禁欲主義的修練を受け入れる女性であれば誰でも入園が許可された。全寮制で、修練期間は一年から三年とされていた。看護の志望者は、一年間は聖書、神学、看護を学びながら研修を積んだ。修了後、「ディーコネス」の称号が与えられ、ディーコネス会員の証である青色の制服が与えられた。そして、彼女たちは町の救貧院や病院に派遣された。

ブンゼン男爵から送られてくるディーコネス学園の会報誌から、フロレンスはカイザースヴェルト留学の激しい衝動に突き動かされるようになった。そして、学園留学を夢見て新たな「夢想癖」が始まったのである。フロレンスは何が何でもカイザースヴェルトへ行って、学園の寮に入り、信仰生活を送りながら看護の研修を受けることを夢見た。

フロレンスは両親に、ドイツのカイザースヴェルト留学の「夢」を話した。しかし、それはとんでもないことになってしまった。母ファニーはフロレンスを激しくなじり、姉のパースノープは衝撃のあまりヒステリー発作を起こしてしまった。

二人の狂ったような反対にあったフロレンスは、非常に大きな精神的衝撃を受けてしまった。ところが、彼女は何故か母親と姉を憎んだりはしなかった。むしろ彼女は望みを成就できないでいる自分に失望し、自己譴責《けんせき》に陥ってしまった。すなわち、志がすべて否定されてしまう現実に対して、むしろ自分の罪深さの方に非があるとして自分を責めていたのである。自分が為そうとすることすべてが無残にも打ち砕かれてしまうというのは、自分の行為そのものが純真な心から生まれたものではなく、心のどこかに虚栄や誇示や栄光への愛着があり、それを神に見抜かれているからではないかと考えるようになっていた。フロレンスのそうした自己譴責の念は日に日に強まり、一方、体は衰弱していった。ついには寝床に臥すまでになってしまったのである。

それでもフロレンスは、ブンゼン男爵からディーコネス学園の会報誌が送られて来ると、自分の部屋に籠って、カイザースヴェルト留学への憧れと情熱をさらに強め、夢想に浸った。彼女の精神状態は非現実的な夢想世界と悪夢のような現実との間で引き裂かれ、まさに崩壊寸前となってしまった。

折しも、一八四七年秋、フロレンスは友人の紹介で二十歳年上のセリナ・ブレースブリッジに出会った。ブレースブリッジ家の家系は十一世紀の伯爵まで遡るらしいが、より確かなのは十七世紀の大商人の末裔であるということであった。夫のチャールズ・ブレースブリッジは膨大な資産を相続しており、フロレンスの父ウィリアムと同じように定職には就かずに自由気ままな生活を送っていた。

ブレースブリッジ夫妻には後継ぎがいなかった。二人でヨーロッパ旅行をして、楽しむ以外に、夫チャールズはギリシャに土地と家を購入し、ギリシャ独立を支援する運動をしていた。また、妻のセリナは信仰深く、貧民救済などの慈善奉仕活動をしていた。

そのセリナがフロレンスと出会った瞬間に、彼女の聡明さを感じ取ったのである。以来ずっとセリナはフロレンスの良き理解者となり、母性愛に似た情愛を注ぐようになった。日増しに衰弱していくフロレンスの姿を見て心の病を感じ取り、どこか海外にでも行って心を休める必要があると思った。

セリナは、ナイチンゲール一家をローマへの旅に誘った。十月末にナイチンゲール一家はブレースブリッジ夫妻と共にローマに向かった。

ローマに着くと、フロレンスはバチカンのシスティーナ礼拝堂を訪れ、天井全面に描かれた壁画に包まれて執り行われたミサに感動し、心酔した。彼女はその後何日も家族とは別行動をとり、システィーナ礼拝堂へ出かけては終日その中に浸っていた。不可思議な神の愛を感じながらフロレンスは至福の時を過ごすことができたに違いない。

ブレースブリッジ夫妻のフロレンスへの思いやりは、もう一つの運命的な出会いをもたらした。それは、ピール首相政権下で将来を嘱望されていた政治家シドニー・ハーバートとその妻エリザベスとの出会いであった。

ハーバート夫妻は敬虔なキリスト教徒で、恵まれない人々のために奉仕活動をし、低賃金の下層労働者のための保養施設建設に多額の資金を寄付していた。人生の先達ともいうべき有力者に出会えたことは、フロレンスの人生に大きな転機をもたらした。ハーバート夫妻からもカイザースヴェルトのディーコネス学園への留学を強く薦められたからである。

ブンゼン男爵夫妻やブレースブリッジ夫妻、さらにはハーバート夫妻が、フロレンスのカイザースヴェルト・ディーコネス学園への留学を後押ししたのである。

セリナ・ブレースブリッジはフロレンスの母ファニーと親友であったが、ファニーとはまったく違った世界に生きていた。非常に信仰深く、貧しい病人のために看護師として働きたいというフロレンスの熱意に共感していた。フロレンスはセリナの寛大な包容力と情愛に接するようになって、現実と非現実が交錯し倒錯する「夢想癖」から次第に癒やされ、解放されていった。

しかも、社会的にも高い地位にある人々がフロレンスのカイザースヴェルト留学を積極的に後押ししたので、母ファニーと姉パースノープは声を荒立てて反対することができなくなっていった。フロレンスのカイザースヴェルト行きは手の届くところにまで近づいた。

ところが、ドイツに社会革命が起き、カイザースヴェルト留学は断念せざるをえなくなった。望みを断念したフロレンスはハーバートの紹介で貧民学校の教師などをしたが、うまくいかず再び自己譴責に陥ってしまった。しかも、現実では実現が難しくなった留学で看護を学び、看護師として働く自分の幻像が現れて、その夢想の中に生きるようになっていった。彼女の「夢想癖」

が再発してしまったのである。またしても、「現実」と「夢想」との間で葛藤が生じ、不眠が続くようになり、疲労がたまり、精神的虚脱状態にまで陥ってしまったのである。

そうした苦しい状況の中にある彼女を再び励まし力づけてくれたのは、ハーバート夫妻やブレースブリッジ夫妻やブンゼン男爵夫妻であった。その信仰深く変わることのない心優しい人々に支えられて、フロレンスは何とか苦境に耐えて乗り切ることができたのである。

ドイツの社会状況が落ち着くと、フロレンスのカイザースヴェルト留学が復活した。留学に際して、父のウィリアムがようやくフロレンスの熱意に理解を示してくれるようになった。彼が留学費用の援助を約束してくれたのである。

フロレンスの四年越しの願いは一八五一年夏にようやく実現した。しかし、それでも母ファニーの偏見は根強く、世間体を気にして親族や友人には、ドイツへはパースノープが病気の療養に行くことになり、妹のフロレンスが付き添うことになったと吹聴してまわった。本来の目的であるフロレンスのカイザースヴェルト留学はひた隠しにした。

一八五一年にフロレンス自身が書いた「カイゼルスウェルト学園によせて」（『ナイチンゲール著作集　第一巻』現代社）は、単に同学園の報告にとどまらず、一個の人間として、女性が自由に生きがいを持って生きることへのフロレンス自身の力強い宣言でもあった。

カイザースヴェルト・ディーコネス学園に関するフロレンス自身の報告では、病院は「ディーコネス」を得るための修練の場であった。フリートナー牧師を中心に、すべての学園生は同一の目的すなわち、一つの「精神」、一つの「愛」、そして唯一の神である「主」に連なっていて、「主」の「仕事」を全うすべく神の奉仕者として働くという大義を抱いていた。

ディーコネス学園での体験は、信仰に基づく奉仕活動の素晴らしさをフロレンスに教えてくれただけではなかった。病院看護に関する重大な問題をも彼女に自覚させたのである。

それに関してフロレンスは次のように書いている。

もし誰かが病気ならば、私は医師にそこに来てもらうが、医師はすぐに問題の潰傷を切開して治してしまうので、もう一度来訪するというような面倒なことは起こらない。このような種類のかかわり方はなんと嘆かわしいことか。私は乱雑で不潔な状態や愚かしい習慣や整理が行き届いていない有様を目撃する。しかし私はそれにどう手助けできるのかわからない。私には彼らをとがめる権利がいったいあるだろうか？　私自身どのようにすればもっとよい状態にできるかを教えられないでいるのに。私は疾病を見る、しかし、どう取り計らってよいかわからない。それにもかかわらず、それこそ、身体への働きかけを通して患者のこころへの道を見つけるために私がしたいと思っている、まさにそのことなのに。[26]

フロレンスは病院看護の重要な問題に直面したのである。医師の手術に向かう無責任な姿勢に彼女は呆れていたようであるが、それ以上に、フロレンスは看護師が医師の無責任さに対して患者のために何も為すことができないという苛立ちのようなものを感じていたことを読み取ることができる。彼女が書いている「身体への働きかけ」とは何だろうか。これは言い換えると、身体に関する医学的な知識や対処のことであろうか。医師と共に医療に関わるはずの看護師が医療を担う者としてどのように「取り計らってよいかわからない」という歯痒さが、そこに感じ取れるのである。

彼女は信仰に基づく慈善奉仕活動としての看護に限界を感じ取っていたのかもしれない。看護は心のふれあいだけでは足りない。すなわち、「慈愛」や「奉仕」の精神は不可欠ではあるが、それだけでは自分が真に求めている看護とはならないと思えたのかもしれない。しかしながら、「ディーコネス」たちは医療施設の病人を訪問し、人々の心の中に入って行き、信頼を得て見事に奉仕活動を完遂していた。

フロレンスはその働きに感銘を受けてはいたが、それだけでは彼女は満足できなかったのであろう。手術を受けた患者の身の回りを世話して看取るだけの看護には疑問を感じるようになっていたのであろう。看護師はもっと病気や医療について何らかの知識を持って、もっと何か為す術を持っているべきである。患者と向き合うだけでなく、正しく保健指導できる能力が必要である。今日で言う衛生学の知識、人体の科学的な理解と知識、薬剤の知識などのようなものの習得が必要であると感じていたのかもしれない。

カイザースヴェルト留学以外にも、フロレンスにとって人生の転機となる出来事があった。それは彼女が幼少の頃から彼女に幅広い知識を授け、自由な信仰を身をもって示してくれた父ウィリアムがようやく彼女の看護職への熱意を理解し、支援を約束してくれたことである。父ウィリアムと娘フロレンスの間に存在した溝は埋まって消えた。フロレンスは父の理解のもと、看護師への大いなる道を歩みだしたのである。

それまでの失望と挫折の日々を回顧し、新たな人生への思いを込めて、フロレンスは一八五二年に父ウィリアムに手紙を書いた。

三十二歳の誕生日を迎えて、お父さまに一言、感謝の気持ちをお伝えすべきだと思ってペンを取りました。若い時代が終わり、二度とふたたび戻ってこないのだということが、私にはうれしく思われます。それは愚昧と拘束のとき、満たされぬ願望と未経験ゆえの失望のとき、人が何ももっていないとき、自分自身をさえも所有していないときなのです。私は、今日まで生きてきたことを喜んでいます。（中略）私はいま、自分自身を十分に所有できるようになったと感じています。「よくない習慣」と「義務」（その二つはしばしば同じ意味に用いられていますが）をどう区別したらいいいかを知らない、あの、拘束された状態から抜け出ることができたように思っているのです。[27]

そして、フロレンスはカイザースヴェルト留学を経た後、失望のあまり「夢想癖」を病み、苦しい日々を過ごした苦しい時代を積極的に受け入れる気持ちになっていた。新しい人生に向かおうとしているその時、辛かった体験はこれからの人生を支えてくれる力であると彼女は確信していたのである。

エリザベス・ブラックウェルとの出会い

一八四〇年代、フロレンスが失望と苦悩の日々を送っていた最中、勇気と希望を与えてくれた人物にエリザベス・ブラックウェルがいた。エリザベスはフロレンスより一歳若く、一八二一年にイングランド南西部の都市ブリストルで生まれた。

一家がアメリカ合衆国に移住し、彼女はニューヨークのジュネーヴ医科大学が開学以来初めての女性入学者となり、一八四九年には男性をおさえて首席で卒業した。しかし、女性である故にアメリカ合衆国のすべての病院において卒後研修を拒否された。学位は取ったものの病院では女性を医師として認めてはくれなかったのである。

エリザベスは一八四九年春、アメリカ合衆国からイギリスに戻ってきた。ロンドンの聖トマス病院で学生と一緒に医学の講義を受けたり、観光をしたりしていた。

五月末にエリザベスはアメリカ合衆国の友人からパリで医学の研修を受けることを勧められた。内科医だけでなく外科医にもなる夢を抱いてエリザベスはフランスへ渡った。しかし、パリで研修を受け入れる病院を探したが、そういう病院は存在しなかった。結局、一八四九年五月に助産師の資格を得るために、国立助産師学校ラマルニテに学生として登録した。しかし、その助産師学校での生活は、セシル・ウーダム－スミスによると、まさに「地獄」であった。「女子学生たちはたいてい医学研修生の情婦のような存在(28)」になっていたということである。要するに、アメリカ合衆国と同様に、フランスでも女性の地位は低く見られており、男性の性欲の対象とぐらいにしか見られていなかったのである。

彼女は性差別に苦しみながら、助産師の資格を得るために学んでいた。そんなある日、彼女は化膿性眼炎を患っている幼児の目を洗っていたが、偶然にも幼児の目にかけた液体がはねて彼女の目の中に入ってしまった。それで不運にも幼児の化膿性眼炎に感染してしまったのである。当時、その病気に対する治療法は、蛭《ひる》をこめかみにはりつかせて毒素を吸い取らせたり、水で洗って流す程度であった。結局治療の効果はなく、彼女の片目は失明し、義眼を入れなければならなかった。彼女の外科医になる夢は絶たれてしまったかにみえた。

エリザベスがパリで被差別生活を強いられている間、イングランドのミッドランド地方で製鉄業を営んでいた従兄のケニヨン・ブラックウェルはイギリス最古の病院、聖バーソロミュー病院に、エリザベスの卒後研修を受け入れてくれるように、有力な知人を通じて懸命に働きかけていた。ちなみに、聖バーソロミュー病院は一一二三年、聖アウグスティノ修道会によってロンドンに創立され、十七世紀に医学校が併設されていた。従兄の努力の甲斐あって、一八四九年の秋、エリザベスはその聖バーソロミュー病院で、婦人病病棟を除くすべての病棟で一年間の卒後研修を許可されたのである。

研修許可の通知を受けたエリザベスは歓び、大きな希望を抱いて急遽ロンドンへ渡った。早速、当時は静かな集合住宅街であったホルボーンのタイブス・インに下宿し、聖バーソロミュー病院に出かけた。婦人病病棟の医師からは歓迎されていなかったらしいが、他の病棟の医師からは大歓迎を受けたということである。そして、エリザベスは一年間の研修を終えて、「レディ・ドクター」の称号を得ることができた。

フロレンスとエリザベスが、いつ、どこで、どのような状況下で初めて出会ったかは、正確には知られていないが、研修期間中にすでに友情が生まれていたらしい。フロレンスはタイブス・インに行ってエリザベスと互いに身の上話を語り合っていたようである。

その後、フロレンスとエリザベスは一八五一年の初めに、シドニー・ハーバートの家で出会った。シドニーの妻エリザベスは自宅で第三子を出産することにしていた。その際に、女医のエリザベスが立ち会い、出産の助手にフロレンスが招かれたのである。

一八五一年四月、フロレンスはエリザベス・ブラックウェルがアメリカ合衆国に戻る直前、彼女をエンブリ邸に招いた。そして、裏庭から豪邸を見せながら、次のように語った。

あのたくさん並んだ窓を見ながら私が何を考えているかおわかりですか。私はそれをどのよ

うにして病棟につくりかえようか、そうしたら病床はどれだけ置けるだろうか、など考えているんですよ。(29)

フロレンスは豪邸に人を招いて舞踏会を開くことよりも、それを病院にしたらどのように役に立つか、病棟の構成やベッドの配置の方に関心を持っていたのである。

女性として医師になって病院を開くという自己の意志を貫いて生きるエリザベス・ブラックウェルの生き方は、フロレンスを力づけた。二人は社会の因襲や男尊女卑の社会に大きな妨害にあいながらも、一個の人間として自分の能力を発揮し、夢を実現しようと必死に努力している点で共通していた。

しかしながら、二人は最も重要な点において違っていた。それは家庭環境の違いであった。(30)エリザベスの父親はブリストルで精糖業を営んでいたが、事業に失敗しアメリカ合衆国へ移住していた。経済的には苦しかったが、娘の医師になる夢に対しては全面的に協力し、支援していた。しかし、父親は突然他界し、家族は深刻な貧困状態に陥ってしまった。エリザベスは家庭教師をして自活しながら学業を続けなければならなかった。

彼女が医師になった最大の理由は、男女差別や子供の命の軽視などが当然のようにまかり通っている社会に対して、医師として男に頼ることなく、救済したいという願いがあったからである。既存の病院で男性医師にまじって対等に働くのではなく、女性医師が中心になって、女性だけで運営し、女性と子供のための病院を開設する夢を抱いていた。フロレンスはイギリスで一緒に働くことを提案したが、エリザベスの目指すところはまったく異なっていて、看護に期待するものはほとんどなかったようである。

エリザベスはアメリカ合衆国に戻り、ニューヨークで早速貧しい女性や子供たちのための診療所を開いた。しかし、女性医師ということで世の偏見にあい、まったく受け入れられなかった。それでも、彼女はニューヨークの貧困地区へ出かけ、病人を診察して回った。一八五七年、そうした努力の甲斐あって、ようやく、スタッフが女性だけの、婦人と子供のための「ニューヨーク病院」を開設することができたのだが、市民の偏見は根強く、病院内で患者が死亡するようなことがあると人々は手酷い非難を浴びせた。たまたま良心的な男性医師に窮地を救われたこともあったが、妹の医師エミリーとメアリーの三人で力を合わせてなんとか苦難を乗り越えた。そして、その病院を女子医学生のための臨床実習の場として開放するまでになった。

一八六一年にはエリザベスの妹エミリーと共に南北戦争の北軍に参加し、北軍軍事病院で看護師の指導育成に努めた。戦後、ニューヨークに戻り、一八六八年に「ニューヨーク病院」内に女子医学校を設立した。貧困地区の病人の世話から保健衛生面の指導に至るまで当病院の女性医師が関わった。また、イギリスにまだ婦人の病気を治療する女性医師がいないことを知り、翌年の一八六九年にエリザベスはイギリスに渡った。そして、「ロンドン女子医学校」設立に協力した。

その際、エリザベスはフロレンスにも協力を求めたが、フロレンスは看護職こそ女性の天職であり、医師は男性だけでよい、と考えていたようであり、エリザベスの協力要請を断ったのである。結局、それ以後フロレンスはエリザベスと会って一緒に仕事をすることはなかった。

フロレンスがエリザベスの要請を断った理由は他にもあった。一八五二年にエリザベスがフロレンスの協力要請を断ってアメリカ合衆国に戻ってしまったことがあったが、もちろんそれに対する腹いせではなかった。フロレンスは保健医療の中心的存在が医師ではなく、看護師であるという確信を抱くようになっていたからである。さらに、治療するだけの医師は男性に任せて、看護師は病気の予防から、患者の精神的な支えとなり、社会への復帰に至るまで病人の健康や保健衛生という壮大な領域に関わらなければならないのであり、それはまさに男性に優る感性の持ち主である女性にしかできないものであると考えていたからである。要するに、女性は保健医療において中心的存在として必要とされていると確信していたのである。そうした理由でフロレンスは同調できなかったが、しかし、産婦人科医師として重要な役割を果していたエリザベスを認めるようになっていた。

エリザベスは女性医師の育成などに尽力して、一九一〇年にイングランドのサセックスでその生涯を終えた。

「コレラ」の蔓延と「瘴気説」

「コレラ」はインドのベンガル地域に古くから存在した風土病とされていたが、一八一七年頃からインドの広範囲に広がった。脇村孝平著『飢饉・疫病・植民地統治――開発の中の英領インド』（名古屋大学出版会）によると、一八一七年頃から「コレラ」は「風土病」から「疫病」へと転化が生じ始めたとされ、「コレラ」がインド全体に蔓延した理由として、イギリスが支配し、カルカッタが大都市化されたことや、兵士がインド国内を移動したことをあげている。

植民地インド駐留していたイギリス人兵士が「コレラ」を知ったのは一八二一年のことであった。嘔吐、筋肉の痙攣、胸の痛み、水のような下痢、そして脱水症状が起き、感染者の半数以上が死に至った。イギリスでは経験したことのない恐ろしい伝染病が兵士たちを襲い、一昼夜のうちに多くの兵士の命を奪った。その「コレラ」が中近東を経てロシアに広がり、一八三一年にイギリスへ渡ってきたのである。

現代アメリカ合衆国の文化評論家として活躍しているスティーヴン・ジョンソンは、二〇〇七年に『感染地図――歴史を変えた未知の病原体』を著し、十九世紀中頃にロンドンの市街地を襲った死の病「コレラ」とその病原体を突き止めようと一人で格闘した外科医ジョン・スノーのすさまじい努力を世に明らかにした。

その著書によると、その年の夏にメドウェイ川に停泊していた船団の中に発生した「コレラ」の集団感染が始まりとされている[31]。その後、瞬く間にロンドンからイングランド全体に蔓延し、さらにスコットランドへと感染は拡大し、五万人以上が死亡した。しかし、蔓延当初は「コレラ」の正体を知る者は誰もいなかった。

折しも、ロンドンでは貧困層が拡大し、社会全体が失望感に満ち、退廃と堕落が世を闊歩するようになっていた。「コレラ」の発生をそうした絶望的な社会状況に、必然的に世に現れた神の啓示的な現象と考える社会学者や歴史学者もいたらしい。

十九世紀中頃を過ぎると、イギリスの産業界は、アメリカ合衆国の産業の急速な発展によって次第に輸出先を失いつつあった。全国に不景気が深刻になっていき、業種によっては倒産に追い込まれていった。

ロンドンにはアイルランド、スコットランド、ミッドランド地方から土地を捨てた貧しい農民や、職を失った地方の産業労働者が職を求めて流れ込んできた。インドからも多くの移民があった。そうした人々は日雇い労務者などの貧しい下層労働者となって、テムズ川の河口付近や河南のサザークからバーモンジーにかけて住んだ。家畜の解体業者や革職人や下層労働者が密集する街が膨張し続けた。さらに、ホームレスや売春婦などが増え、テムズ川を越えて古くから在る美しい白壁の邸宅が立ち並ぶ市街地へと流れ出た。

貧困の街サザークからジェイコブズ・アイランドやバーモンジーなどにかけての地域は、歴史を十二世紀に遡れば、まったく違った様相を呈していた。テムズ川へ注ぎ込む清流の小川があり、修道院があり、小川とその周辺には水車小屋が居並び、修道士たちが粉を挽いていた。そこには風光明媚な田園風景が存在していた。

十八世紀後半になると、皮革生産業や家畜解体業者が住むようになり、人口が増え、産業廃棄物や住民の生活排水が小川に流れ込むようになって、清流は汚物で濁る下水溝に変わっていった。田園地帯は強烈な悪臭に満ちた環境汚染地域へと変わっていったのである。

ヘンリー・メイヒューは、その著書『ヴィクトリア朝ロンドンの下層社会』第一章に「バーモンジーのコレラ汚染地区」という見出しを掲げて、当時の汚染と悪臭に満ちた環境の中で汚染した川の水を生活水として利用する人々の実情を詳細に報じている。

小川には汚水があふれ、疫病汚染地域になっていた。上水道の設備は人口の増加についていけず、多くの貧民はテムズ川の水を生活水としていた。街には井戸があったが、数が少なく、広範囲の人々が利用していた。その井戸水の衛生状態は保障されておらず、常に排泄汚水の浸水の危険にさらされていた[32]。

生活排水や産業廃棄物による河川や大地の汚染は、密集する住居に暮らす貧民の生活を脅かし続けたのである。

政治家でもあった内科医ケイ－シャトルワースは、「コレラ」の大流行を社会改革の機会と捉えた。彼の考えによると、貧困と病気は密接に結びつけられ、そのいずれも社会的不満と政治的無秩序を源泉としていた。「コレラ」は、貧困家庭に、不潔な裏通りに、そして、大勢が群がる袋小路に伝染していき、やがてはテムズ川を越えて北上し、中流及び上流階級の居住地を襲う悪魔に喩えられた。あまりにも短い時間で大勢の市民の命を奪っていく「コレラ」を、ケイ－シャトルワースは「死の使い」と擬人化して言い表した。

恐怖の感情のみに支配された結果から引き出された非科学的発想である「死の使い」は、産業資本主義の歪みから生まれた副産物である無気力や退廃を一掃してくれる、いわば世直しのための破壊者でもあった。「死の使い」という造語を善意に理解すれば、反面教師となって政府に対して社会の公衆衛生改革への自覚を促すものともなったのである。

一八四二年に、チャドウィックは労働者階級の衛生状態に関する報告書を刊行したが、その中で一八三二年に大流行した「コレラ」は不十分な排水設備の悪臭や換気の悪さなどが原因であると主張し、公衆衛生の改善を唱えた。公衆衛生と「コレラ」の発症とに関係があるとの報告はロンドン市民を驚かせ衝撃を与えた。それを機にロンドン市民の公衆衛生への意識は急速に高まったのである。

その当時、チャドウィックが主張した「瘴気説」は一部の医学者を除いて、一般に支持されるようになっていた。彼の説では、「コレラ」の発生源は貧民街の汚染された物質から出る有毒ガスや悪臭であった。それらが肺から血液に混じって血流にのって、全身を毒した。ロンドンの不潔な場所は「コレラ」の温床と見られた。彼は有毒な気体の発生を防ぐため、下水道の整備や水洗トイレの普及を行ったのである。

「瘴気説」を支持した有力者は、人口統計学者の第一人者であったウィリアム・ファーであった。ファーはクリミア戦争の後、ロンドンで医療統計学者として、フロレンスを支持して軍事病院の保健衛生の改善を訴えた。

ファーは一八三七年に、病気を統計学的に分類して風土病、流行病、伝染病といった三つのカテゴリーを使ったが、一八四〇年にはさらに「発酵病」というカテゴリーを加えた。彼は腐敗した有機物の小粒子が水蒸気などとなって空気中に混じり、人が吸い込むと体内の器官に入って血液の中で有毒化して、人を死に至らしめると確信していた。

チャドウィックとファーの感染説は、臓器などに病気が直接感染するというものではなく、肺から血液にのって全身を巡って発症するというものであった。その間接感染の学説は今日的には医学的根拠がない説であることは明らかであるが、十九世紀中頃では非常に画期的な意味のある学説であった。すなわち、ほとんど無頓着になっていた生活環境や食物や衣類の悪臭やかび臭さなどが疫病と深く関わりがあるという自覚を促すことになったのであった。

「コレラ」発生のメカニズムはまったく解明されていなかった時だけに、チャドウィックの「瘴気説」はそれなりの信憑性を得たのかもしれない。

ヘンリー・メイヒューは、一八四九年のジェイコブズ・アイランドの貧民について次のように書いている。

常に吸い込んでいる有毒ガスのせいで、肉体と精神に強い倦怠感と活力喪失が引き起こされるために、彼らはジンを売る店で、不自然な刺激を求めることになる、というよりは、求めずにいられなくなる。じっさい、ジェイコブズ・アイランドの居酒屋は、家主以上に割のいい商売を行っている。したがって、心身の衰弱こそがコレラに罹りやすくなる条件の一つなのだから、たとえこれらの潮の流れ込む不潔な悪臭芬々たる溝が病の直接的な原因ではないとしても、消化機能障害、循環機能不全、潮汐溝が発する有毒ガスを絶えず吸い込んだために引き起こされた憂鬱症とその結果としての暴飲、寒くて湿った家、そして何よりも、隣人たちの排泄物がたっぷりと混入した水で喉の渇きを潤したり、食べ物を調理したりする。(33)

このメイヒューの記述には、「瘴気説」の神髄があるように思える。すなわち、「有毒ガス」によって活力が喪失され、「不潔な悪臭」が臓器や精神の障害をもたらし、結果として人を重大な疾病に至らしめる、という考えが明らかにされているからである。

また、それとは別に注目すべきことは、貧民のほとんどが不潔な環境に慣れっこになっていたことである。極貧状況による衛生観念の喪失は、疫病ばかりでなく様々な慢性疾患を引き起こす原因となっていた。さらに、栄養不良や何らかの疾患は、貧困層に多かった無気力症や怠惰の要因ともなっていた。

貧民が正常な衛生観念を抱くようになるには、生活の改善を図り、生活を豊かにし、教育が受けられる社会が必要であった。そもそも、極貧地区を生み出した最大の要因は産業中心の社会構造と自由経済政策であった。したがって、政府が政策の全面的転換をしない限り、貧困地域は存続し、衛生環境の改善は不可能なことであった。チャドウィックは救貧院を改革したり、公衆衛生改善の法律を積極的につくったが、ロンドンの市街地は最悪な衛生環境に陥っていながら肝心な改善の目処は立たないのが現状であった。

環境衛生の悪化による悪臭はテムズ川を越えて北側の高級住宅街へと広がっていった。美しい近代的なビルが立ち並ぶテムズ川北側地域には下水道が整えられて、裕福な家庭には水洗トイレさえつくられていたにもかかわらず、そうした改善が逆に環境衛生の悪化を招く結果となっていたのである。

水洗トイレから流された排泄物はビルの地下の汚水溜めに集められていたが、ビルの高層化が進み、住民の数も増加した。やがて汚水溜めは満タンになって溢れ出ることがあり、側溝や地下水脈に流れ込むことさえあった。また、旧式の古いビルの住民は、排泄物を中庭の地面に直接上階から投げ捨てたり、通りに撒いたり、側溝に流したりしていた。

こうして出た大量の汚水は側溝や下水道からテムズ川に直接流れ出て、その結果、テムズ川の汚染はさらにひどくなってしまった。悪臭はロンドンの市街地全体に蔓延してしまい、チャドウィックの公衆衛生改善策が裏目に出てしまったのである。

「コレラ」直接感染説

一八五二年の「コレラ」はテムズ川北側の比較的裕福な住民の街に発生した。公衆衛生という点においては、テムズ川南側のバーモンジー地域とは比較にならないほど良く、「悪臭」も少なかった。住民の多くは飲料水に井戸水を利用していた。そこで、「瘴気説」では解決できない問題が提起されたのである。

医師のジョン・スノーは、何か原因となる悪性の物質が口から人間の体内へ入り、それが直接的に「コレラ」を惹き起こすのではないかと考えた。当時の医師の多くは、「コレラ」の発生と「瘴気説」との因果関係を疑っていた。特に、ジョン・スノーの疑いは根強かった。彼は「空気」ではなく、「水」に着目していたのである。

バーモンジー地区は、ロンドンでは貧困と汚染、悪臭に満ちた最悪の地域であったが、スノーはその地域に「コレラ」が発生するのは「悪臭」のためではなく、汚染された「飲み水」に起因していると考えた。要するに、水に含まれた何らかの物質が人間の体内に入って直接病気を惹き起こすと考えたのである。

折しも一八五二年、スノーの自宅があるソーホー地区のブロード・ストリートで「コレラ」が流行した。

通常、「コレラ」は屠殺場や汚水溜めなどから発生する汚物臭、腐敗臭、発酵臭などの空気感染と考えられていたが、ブロード・ストリートには悪臭を特別取り立てて問題にするほどの汚染源はなかった。そのような地域に何故、「コレラ」が流行したのか。スノーにとって、「コレラ」の空気感染を否定して、自己の直接感染説の正当性を明らかにする絶好の機会であった。彼は衛生局に行ってブロード・ストリート近辺の「コレラ」感染者の住所を調べ、「感染地図」を作成した。

ジョン・スノーはこのビルの２階で歯科医をしながら，近くの井戸で水を汲んでいく人々を観察していた

スノーは「水」と「コレラ」を関連付ける疫学的調査を始めた。ブロード・ストリートの井戸水がどこで、どれほど飲まれているか、「感染地図」を基に関連地域を回って聞き取りをしたのである。ブロード・ストリートの井戸水は臭いがなく、おいしいという評判で、コーヒーハウスの経営者や救貧院や工場労働者が利用していた。

スノーが利用者を綿密に追跡調査した結果、同じ水を利用していながら「コレラ」に感染する人や感染しない人がいることが明らかになった。疑問に思った彼は何日もかけて、何度も水を採取し、調査したところ、汚染臭のある日と無い日があることがわかった。水が汚染されている日に飲んだ人は「コレラ」に感染していた。そして、水の汚染期間は非常に短いことも判明した。これらのことを踏まえて、井戸の近辺の住居の衛生環境、および地下水と家庭排水との関連を細かく調査した。

井戸水の調査をしていくうちに、日によっては水に悪臭がしたり濁っていたりしたことがあったが、何日かするとまた無臭のおいしい水に戻っていた。家庭排水や下水の一部が地下に染み込んで、一時的に井戸水を汚染したが、その汚染臭は井戸水の中に長く存在しないことがわかった。アンケート調査という疫学的解明によって、スノーは「コレラ」の感染経路を絶てば容易に防ぐことができると考えて、ブロード・ストリートの井戸のポンプをすべて外した。その結果、ソーホー地区の「コレラ」の感染は、あっという間に消滅したのである。

しかし、スノーは、「コレラ」を惹き起こす細菌を発見するところまでは至らなかった。彼は採取した汚染水の中に感染を惹き起こす物質が存在しているところまでは認めることができたが、その物質が無機質の物質に変質していたので決定的な裏付けは取れなかったのである。ちなみに、コレラ菌はそれから三十年後の一八八三年にドイツの医師ロベルト・コッホによって発見された。

直接感染説が明らかになっていく中で、フロレンスは『病院覚え書』（一八六〇年）を執筆した際に、直接感染説の影響を受けていたのではないかと思われる節がある。

看護修道女の活躍

バーモンジーなどの極貧地域の貧民の惨状を見て、救済活動に乗り出したのは、政治家でもなければ、労働組合でもなく、キリスト教精神に基づくプロテスタントの慈善団体やカトリックの修道女たちであった。そしてまた、何よりも注目すべきことは、チャドウィックが、貧しい人々の多くは実は何らかの病気を患っていることに気づき、「救貧院」の入居者に対する待遇を改善し、院内に診療所を設けたことであった。

一八四七年、ロンドンの市街地にはアイルランドの大飢饉を逃れてきた貧しい人々の群れがあった。彼らは行く当てもなく、テムズ川を渡って北側の市街地へと流れ込んで行った。その悲惨な情景を見て、驚かされ、病人の救済に乗り出したのは、市民病院の心ある医師たちであったとされている。

まず、テムズ川南側の貧困地区の救済活動に先陣を切ったのは、カトリックの看護修道女たちであった。かつて、修道院がつくられたバーモンジー地域は、十九世紀ロンドンで汚染された下水溝に囲まれた街として名高いジェイコブズ・アイランドと隣接する皮革業の町であった。

ロンドンの貧民街はテムズ川南岸地域、現在の聖トマス病院から東に広がっていた。その貧困と疫病の蔓延する地域に、アイルランド女子修道会「慈悲の聖母童貞会」が「バーモンジー慈悲の女子修道会」を設立し、女子修道院をつくったのである。

この女子修道院は、イギリスに二百年以上という長い間カトリックを禁じてきた「異教徒刑罰法」が、一八二九年に「カトリック解放令」によって正式に撤廃されて以来、最初に創設されたローマ・カトリックの女子修道院である。その母体はアイルランドの「慈悲の聖母童貞会」であった。厳かで威風あるカトリックの誓願式が三百年を経て復活し、プロテスタントも含めて良家の子女たちの憧れとなった。

シオバン・ネルソンの『黙して、励め――病院看護を拓いた看護修道女たちの十九世紀』（原田裕子訳、日本看護協会出版会）には、カトリック修道女を中心にしてプロテスタントの看護奉仕活動からフロレンスの看護観形成に至るまで思想的、歴史的に詳述されている。その著書を参考にして、ここでは「バーモンジー慈悲の女子修道会」の働きについて論じる。

イギリスでは三百年振りになる修道女受け入れの誓願式が行われたが、そこにはイギリス国教会派の伯爵令嬢が混じっていた。彼女たちは絹のベールに宝石をちりばめたティアラを冠していたということである。それは素朴なカトリックの儀式というよりも上流階級の華麗な結婚式のようなものであったらしい。大規模で豪勢な誓願式はマスコミでも大きく取り上げられ、カトリック再興に向けた一大出来事として報じられた。荘厳なミサに華やかさが加えられた誓願式の模様に影響された上流階級の淑女たちが修道院へ押し寄せてきたのである。

しかし、カトリックの華麗な儀式に魅せられて誓願した上流家庭の淑女たちには、貧困地域の本当に貧しい人々のために神の手足となって働くことが義務づけられたのである。

修道院長メアリー・ムーアは、「労働」と「奉仕」を院の方針に打ち出し、貧しい人々のために託児所やホームレスのための夜間宿泊所などを運営し、また病院や貧しい病人の家に修道女を送り、看護奉仕活動を義務づけたのである。それで修道女は、学校、病院、託児所、夜間宿泊所など様々な施設で奉仕活動すなわち「労働」に励まねばならなかった。

しかしながら、中流以上のプロテスタントの家庭から集まってきた淑女たちが社会奉仕活動に積極的に従事したということには、いささか不思議な気がする。イギリス支配下にあったアイルランドでは、ほとんどの住民が貧しい小作農民で、常に餓死と向き合っていた。聖職者は聖書の教えに従ってイエス・キリストの手足となって「労働」すなわち貧しい人々への救済活動に励まなければならなかった。「労働」を重んじる独特な修道院のあり方は、イギリスの美しい、恵まれた環境の中で豊かに育った良家の令嬢の思い描いた修道院とはまったく相容れないものであったに違いない。

優れた指導者メアリー・ムーアがアイルランドへ戻って不在になった時期があった。その間、イギリス国教会からの改宗者に修道院が任された。その時、雰囲気は一変した。修道女たちは「労働」を捨て、修道院に籠って祈り、瞑想に耽るようになったということである。

ダブリンの「慈悲の聖母童貞会」はその事実を知り、メアリー・ムーアを「バーモンジー慈悲の女子修道会」に復帰させ、本来の奉仕活動すなわち「労働」を再開させた。ムーアは強い指導力を発揮して、修道上の矛盾を見事に克服し、問題なくその後の運営がなされるようになったということである。

看護師育成の曙

十九世紀イギリスにおいて、カトリック修道女の目覚ましい活躍はアイルランドの「慈悲の聖母童貞会」系の修道女によるものばかりではなかった。フランスのカトリック女子修道会「愛徳姉妹会」もイギリスの裕福なプロテスタントに大きな影響を及ぼしていた。そのフロレンスへの影響は明らかにされているが、フロレンスの先輩格にあたるエリザベス・フライもその一人であった。

「愛徳姉妹会」は、日常の祈りや聖務日課（朝晩の教会の祈り）よりも「労働」を信仰生活の中心にしていた。祈りや禁欲的な霊的生活よりも「労働」が優先されていたのである。それによって修道院内よりも外の働き、すなわち貧しい人々への「使徒的働き」という新しい、確固たる方向性を持っていた。

そうしたイギリス内外のカトリック女子修道会の働きに刺激されたイギリス国教会や他のプロテスタントの各宗派は、女性の慈善団体を設立し、社会奉仕活動を開始したのである。

さらに、イギリスのプロテスタントの中には、その起こりから伝統的に貧民救済を旨とする活動をしていた宗派が存在していた。それはクェーカー教徒であった。クェーカー教徒の活動はカトリックの「バーモンジー慈悲の女子修道会」の活動と一見類似していたようではあるが、活動を主イエス・キリストに倣った従順の証として神に捧げるものではなく、世俗の人々の言葉や行動の中に、あるいは出来事に神の力は現存する、という確固たる信念に基づくものであった。彼らは神の意志でもって貧民のもとに出かけ、戸外に配給拠点を設けてスープを配ったり、私財を投じて救貧院や貧しい病人を救済する診療施設を建設した。

一八二九年に、クェーカー教徒のジョシュア・ホーンビーはリヴァプールにおいて、貧民の家庭を訪問するための活動拠点となる施設を開設した。また、同じ教徒のエリザベス・フライはロンドンにおいて、看護活動集団の「慈善姉妹会」を結成した。

フライはイングランド東部の都市ノリッジで裕福な銀行家の家に生まれたが、成長するにつれて近隣の貧しい人々の保健福祉に強い関心を抱くようになり、食糧や衣服を配布するなど貧しい病人の世話をするようになった。結婚してロンドンに住むようになり、それまで見たことのない極貧地域の存在を知った。また、彼女は貧富の極端な差ばかりでなく、ニューゲート刑務所内の女性服役者の悲惨な差別の実態を目の当たりにした。こうしたロンドンの社会状況を変えるには社会の根本的な変革が必要であることを悟ったのである。

一八四〇年、フライはドイツのフリートナー牧師が設立したカイザースヴェルト・ディーコネス学園を訪れたが、そのディーコネス学園の精神に倣って、テムズ川の南側に住む貧しい下層労働者や職人の病人のために、ガイ病院の近くにプロテスタントの「慈善姉妹会」を創立し、貧困家庭を訪問して看護活動に励む看護師の育成を目指したのである。

イギリス国教会以外のプロテスタントであれば教派は問わず誰でも「慈善姉妹会」に入会でき、ガイ病院でユニフォームを着て看護実習を三カ月間受けた。必要経費は、私費負担の裕福な患者の献金によって賄われた。これは看護師教育の先駆けとなったのである。

さらにフライは、病院の協力や裕福な患者と財政支援契約を結んで、質の良い看護を提供するための熟練した看護師の組織を発足させた。フライの慈善姉妹たちはフリートナー牧師に倣って「ディーコネス」と称され、テムズ川南岸に広がる極貧地域の病人の看護のために尽くした。

フライは結核を患い、一八四五年に六十五歳で死亡、看護訓練学校の志は半ばで閉じられてしまった。フライの功績はフロレンスに深く影響し、ディーコネス学園への関心を高めたばかりでなく、十五年後のナイチンゲール看護師訓練学校設立にも間接的ではあったが影響を及ぼした。

ガイ病院における医療革新

ガイ病院の歴史は古く、一七二一年に、国会議員で聖トマス病院の後援をしていたトマス・ガイによって、当時ロンドンブリッジの南岸にあった聖トマス病院の近隣に建設された。一七四四年に精神病棟が建てられ、一七九九年にはロンドンで最初の歯科が創設された（口絵8頁参照）。

一八二〇年代から三〇年代にかけて、スコットランドのエディンバラ大学から三人の優れた研究者を迎えた(34)。その三人とはリチャード・ブライト、トマス・アディソン、トマス・ホジキンであった。ちなみに、エディンバラ大学は一六九四年に「外科医カレッジ解剖教室」を開き、一七三八年に創設されたエディンバラ王立病院を使って臨床研究を進め、イギリスでは外科に有用な知識が最も高く評価されるようになっていた(口絵4頁参照)。

ブライトは「腎臓学の父」と称されるほどの腎炎の研究者であり、ガイ病院で研究ばかりでなく、医学生への医学実習にも励んだ。アディソンは副腎機能不全の研究者として世界的第一人者であり、アディソン病という病名に名を残している。また、ホジキンはリンパ肉芽腫の研究者として有名であり、ホジキン病に名を残している。彼はクェーカー教徒であり、奴隷解放運動にも深く関与していた。また、一八四二年から、ガイ病院と姉妹病院であった聖トマス病院に移り、講師として医学生の教育に貢献した。

ガイ病院は、以上のような医師たちの貢献によって医療実績をあげ、優れた医学の歴史をつくりだすことができたが、病院の功績はそれだけにとどまらなかった。医学生や看護に携わる慈善婦人たちの教育や訓練に病院を開放し、ロンドンの貧しい病人の救済に医療の拠点として貢献したのである。

キリスト教信仰からガイ病院の伝統形成と看護師の育成に貢献したのは、一八三六年から四八年まで病院付牧師をしていたイギリス国教会神学者フレデリック・モーリスであった。

モーリスはユニテリアンの牧師の息子として生まれ、一八二三年、イギリス国教会の傘の下にあるケンブリッジ大学に入学した。しかし、ユニテリアンであったことから差別を受けたのであろう、彼は大学を中退してロンドンでジャーナリストになった。その後イギリス国教会に改宗し、オックスフォード大学を卒業して、一八三六年にガイ病院のチャプレン（教戒師）になった。

モーリスのチャプレンとしての功績は、病院看護につきまとっていた偏見をなくすために努力したことであった。当時、看護という職業は、経済的な必要から手短にできる下層階級の貧しい女性の仕事という社会通念があった。彼はそれを払拭するために、ガイ病院で看護に従事する婦人に対してキリスト教徒に相応しい高い品格と教養を身につけることを求めたのである。

モーリスは社会全般に対して、キリストの福音主義に基づく「キリストの王国」実現を説いた。そのためにすべてのキリスト教を信仰するイギリス人が社会問題に関心を抱き、理想的な社会を実現するために働くように説いた。彼は、そうした思想を自ら「キリスト教社会主義」と称した。ここでいう「社会主義」という概念は、十九世紀ヨーロッパに影響を拡大していたイデオロギーとしての「社会主義」とはまったく異なっていた。

塚田理は『イングランドの宗教』において、次のように書いている。

　キリスト教社会主義とはふつう私たちが考える「社会主義」という一つのイデオロギーを指すのではなく、社会的関心から遠ざかっているキリスト者に対してまさにキリスト教の福音の立場から社会問題に関心を抱き、そのために行動するように促した。モーリスの宗教論の前提はキリストは全人類の救済者であり、王である。人類はキリストの贖罪によって罪を赦され、キリストの王国の民とされた。そうして、人間は新しい実在において生きるようになった(35)。

モーリスの「キリスト教社会主義」の主張は、ガイ病院が貧しい病人の救済活動の拠点となり、修道女や慈善奉仕者に病院看護師育成の場として門戸を開いていく精神的原動力となったのである。それは、またフロレンスのキリスト教信仰と看護思想形成の上に少なからぬ影響を及ぼし、思想の中に組み込まれたと考えられる。

イギリス国教会の慈善活動と大学病院設立

一八四五年、イギリス国教会最初の婦人慈善団体「パーク・ヴィレッジ共同体」がリージェント・パークの近くに設立された。それから数年して、オックスフォード運動の推進者で貧しい子供たちの教育に貢献していたプリシラ・セロンが、デヴォンポートに二番目の団体「慈悲の聖母会」を設立した。その二つの慈善団体は、イギリス国教会の中でも原始カトリック教会の信仰と礼拝の復活に力を入れる高教会派に所属し、ローマ・カトリック教会の修道女に倣って、清貧と貞節と従順をモットーにして慈善活動に励んだ。また、プリマスなどの貧民街でコレラ患者の看護にあたったとされている。

こうしたイギリス国教会の慈善団体は奉仕活動の一翼を担う善良な女性を育成し、世に輩出した。フロレンスは後に、クリミア戦争の看護婦人団に八名、セロン派の慈善団体から選んでいる。

一八二九年、イギリス国王ジョージ四世はイギリス国教会の影響が大きい大学、ロンドン・キングスカレッジを設立した。そして一八四〇年に、そのキングスカレッジはホルボーンの近くのポルトガル・ストリートにキングスカレッジ病院を開き、救貧院病院も併設した。

そして、一八四四年に、医療の改革者であり、キングスカレッジの生理学と解剖学の教授であったベントリー・トッドは、眼科の専門外科医師ウィリアム・ボーマンや当病院の内科医などの協力を得て、病院看護と病院管理を二年かそれ以上の期間で集中的に訓練するプログラムを確立した。そして、大学病院と一体となって、医療の進歩に対応できる新しいタイプの看護師と病院管理者の輩出を目指して、「病院と家庭そして貧者のための看護師養成所」を設立し、慈善団体の婦人に近代的医療に対応できる病院看護の教育を始めたのである。

一八三九年、イギリス国教会の慈善団体「聖ヨハネの家」看護修道女会はドイツのディーコネス学園をモデルにして創設された。修道女会といっても誓願式もなければ、厳格な規則に縛られることもない共同体（アソシエーション）であった。彼女たちはキリスト教の原理を忠実に守りながら、病院だけでなく社会全体に優れた看護活動に励んだ。

一八四八年に「聖ヨハネの家」に入会したメアリー・ジョーンズは、キングスカレッジ病院の看護師養成所との連携を強めた。また、彼女は一八七二年、「不治の病人のための聖ヨセフ病院」を創設したが、一八八二年にペストで没した。

一八一二年に生まれ没するまでの七十年間のうち後半のほぼ三十年間、彼女とフロレンスとの間には友好関係が続いていた。フロレンスは一八五四年、クリミア戦争に赴く直前、ボーマン医師の紹介でキングスカレッジ病院の看護師長として着任することが決まっていたが、その頃に「聖ヨハネの家」のメアリー・ジョーンズとの交流が生まれたに違いない。事実フロレンスは、クリミア戦争の看護婦人選定の協力を彼女に申し出ている。また、一八六〇年には、フロレンスが看護師訓練学校を聖トマス病院に創設する際には、メアリー・ジョーンズから学校の管理運営のアドバイスを受けたとされている。

産業都市バーミンガムには、ドロシー・パディソンという異色な看護師が存在した。クリスティン・ハレット著『ヴィジュアル版 看護師の歴史』（中村哲也監修、国書刊行会）によると、「クライストチャーチ・イギリス教会修道会」の修道会員ドロシーは、一八六五年にバーミンガム北西の町ウォールソールの病院に看護師として派遣され、後に看護師長となった。外科看護師として独力で知識と手腕を磨き、検屍や解剖に立ち会って、簡単な外科手術もこなせるまでになったとされている。しかし、医学教育を受け医師の資格を取るよう医師から勧められたが、看護師の仕事の方が好きだと言って断ったということである。

ドロシーはフロレンスと同様に、優れた看護職者としての道を一途に歩んだが、フロレンスとの交流はなかったようである。

フロレンスから近代看護の母ナイチンゲールへ

一八五三年、フロレンスは、前年にローマ・カトリック教会の司祭マニング（後に枢機卿）によって紹介されたパリの「愛徳姉妹会」が運営する「神の摂理の家」で、看護の訓練を受ける決心をした。その家には二百人に近い孤児が収容されていた。さらに「愛徳姉妹会」は、近隣に総合病院や高齢者専門病院や小児科病院などを持っていた。

そうした情報を得ていたフロレンスは、そこでの訓練に大きな期待を寄せていた。「神の摂理の家」では、カトリック信者でなくとも、入会が認可されれば修道志願者の資格で病人の世話をすることができることになっていた。ただし、入会に条件があって、修道女の宿舎に立ち入ることは許されず、食事と就寝は別の宿舎でしなければならなかった。その条件を守ってさえいれば、修道女たちと行動を共にして、病院や診療所で病人に奉仕することができるというものであった。

しかし、フランスに渡ったフロレンスは、「神の摂理の家」にすぐには入会せず、パリの病院や診療所、さらには宗教団体が運営している福祉施設などをすべて細かに見て回り、医師の診療や奉仕者の活動を見学した。また、フランスとドイツの病院や看護方法に関する報告書や分析資料などを収集したのである。

そうした活動を終えると、「愛徳姉妹会」の修道院長に会い、「神の摂理の家」への正式な入会日を決めた。ところが入会直前に、ロンドンから祖母メアリーの重篤の知らせが届いたのである。フロレンスは急遽パリを発ってイギリスの祖母のもとへ急いだ。彼女は祖母の看病に励み、細々とできうる限りのことをして、その最期を看取ったのである。祖母との最期の時間は短いものではあったが、フロレンスはフランスにいる従妹ヒラリー・ボナム・カーターに手紙を書いて、彼女なりの看護の成果を短く語った。

お祖母さまの死は悲しいことですが、でも、最期のときをいくらかでも楽にして差し上げることができたのではないかと思います[36]。

この看護の成果はクリミア戦争下の傷病兵の心の看護に生かされた。

フロレンスがフランスから戻ってくるのを待っていたのは重篤な祖母だけではなかった。ハーバート夫妻をはじめとする上流階級の婦人慈善奉仕団体もフロレンスを待っていた。折しもハーバート夫妻は、ハーレイ・ストリートの「病める貴婦人のための療養所」の財政再建と看護師長を兼ねた管理・監督ができる適任者を探していた。その最適任者としてフランスから戻ってきていたフロレンスに白羽の矢を立てたのである。

この療養所はイギリス国教会が運営する施設で、診療所も兼ねていた。療養所の患者は主に中流家庭の淑女たちであった。中流家庭とは、公務員や学校の先生などいわゆる都市の中産階級に属する家庭が主であった。女性たちは労働者階級の女性のように労働して金銭を稼ぐということは社会通念上許されていなかった。また、彼女たちは病気をしても、労働者や下層の貧しい人々が多く入院している都市の総合病院を避けていた。彼女たちの主な仕事は家庭教師で、病気の多くが精神病か癌であったらしい。

フロレンスには当初、そこで働くことに幾分抵抗があったらしい。それでも、自ら療養所の実態を把握して、マダム・モール宛の書簡で次のように書いた。

その施設というのは上流婦人たちの構成する委員会が管理している、家庭教師のためのサナトリウムなのです。そこには医学生も、品のわるい患者もいません。（中略）そこの患者は自費の患者です。ロンドンに住んでいる、知り合いのいない、気の毒な人たちなのです。私は開設の場所を選び、専任の牧師を依頼し、基金をどう運用するかといった事柄の宰領を任されることになっています。[37]

フロレンスは当施設の運営管理から看護体制の確立まですべてを任されることに同意したが、そこには克服しなければならない幾つかの問題があった。

第一の問題は、この職務が無給であったことである。収入がなければ、手伝ってくれる人を雇うことはできない。さらに、住居として部屋を施設外に借りる手当ても出ない。裕福な家庭に育って貧乏を知らないフロレンスにとって、如何ともし難い重大な問題であった。そんな窮地を救ってくれたのが父のウィリアムであった。ウィリアムが自らフロレンスにかなりの額の援助をするということに同意してくれたのである。その援助によって療養所の無給奉仕が可能になり、施設外に部屋を借りて家政婦を雇うことができた。

この療養所には、イギリス国教会の委員会が運営している関係上、カトリックの患者は入所できなかった。フロレンスがぶつかった第二の大きな問題は、その宗派による差別であった。フロレンスはこの療養所で初めて宗派の問題に直面した。カトリックの女性が療養所への入所を希望してきた際、イギリス国教会の委員会はフロレンスの了解をとらずに断ってしまったのである。それを知ったフロレンスは怒り、イギリス国教会以外の患者の入所を認めなければ、仕事を辞めると委員会に激しく抗議した。するとすぐに決着がつき、いかなる宗教、宗派の患者も受け入れる収容規定が作成されたのである。

エドワード・クックは、フロレンスが父ウィリアムに宛てた手紙の一部を掲載している。

委員会の人たちが、カトリックの患者を収容するのは困ると言い出したので、私はカトリックはもちろん、ユダヤ人でも、彼らのラビでも、喜んで迎えるつもりだ、それがいけないのなら手をひくまでだと言ってやりました。それでこの問題にも決着がつき、患者は宗派に関係なく受けいれる。それぞれの宗派の僧侶やイスラム教の律法学者の見舞も拒まないということになりました。ただし私自身がそうした忌むべき怪物を戸口で出迎えて二階に案内し、彼が患者と話す間ずっとそばにいて、他の人に話しかけたり、顔を見たりしないように責任をもって見張り、話が終わるや否や首に縄をつけるようにして階下に引っぱって行き、外に送り出す——とまあ、こうした取りきめについて合意が成立したわけです(38)。

引用にあるように、社会的地位や家柄にとらわれずに、すべての人のために宗派を超えて差別することなく看護するというフロレンスの信念が明確に示されている。すなわち、宗教的偏見や社会的差別に対してフロレンスは厳しく抵抗し、真っ向から闘おうしていたのである。引用文は、正義をはっきりと主張し、偏見と闘う姿勢を持った看護師がまさに生まれようとしていたことを明確に示しているのである。

フロレンスはこの療養所において、従来の看護師がしていたような付き添いや身辺世話から一歩も二歩も進んだ看護師の仕事を生み出した。看護が組織的になされるように、ナースステーションやナースコールの前身にあたるものを考案した。また、療養所全体の温度を一定に保てるようにセントラルヒーティング設備を整えた。さらにまた、質の良い食事が提供できるように貯蔵庫をつくって、常に貯蔵品の安全確認を怠らないようにした。配膳にも工夫があった。二階へ一斉に食事を届けることができるようにリフトを設置した。またリネンの数を常に確認して清潔に保てるようにした。

以上のようにフロレンスは、今日の病院の看護体制の前身となる合理的な組織づくりを成し遂げたのである。これらはフロレンスが「近代看護の母」と称せられるに相応しい業績の一片であったと言えるであろう。

しかし、フロレンスの求めていた看護とは、そうした現実的な看護の組織づくりや管理体制を生み出したことだけで終わるものでなかった。

この療養所ではロンドン・キングスカレッジから医師を招いて手術も行われていた。看護師長は手術を手伝うことが規則に定められていた。

ある日、キングスカレッジ病院から外科医ボーマン博士が招かれて、麻酔を使った癌の摘出手術が施行された。フロレンスは手術の助手を務めた。その時、彼女は麻酔を使った手術という医学の新しい時代を体験した。それと同時に、外科の進歩によって病院看護は新しい時代を迎えたことをはっきりと認識したのである。

フロレンスがそつなく助手の役割を果たすと、ボーマン博士は彼女の看護師としての能力の高さを知り、彼女にキングスカレッジ病院の看護師総監督の職を紹介した。

キングスカレッジ病院については本書の「イギリス国教会の大学病院設立と慈善活動」の項ですでに述べたが、その大学病院とは、一八三九年にイギリス国教会が開設し、救貧院とその診療所を有する施設でもあった。フロレンスがその病院で働くことに決めているのを知った母ファニーと姉パースノープは激しく反対し、思いとどまらせようとした。しかし、フロレンスにとって看護師総監督として、新しい時代に相応しい病院看護体制を自分の力で創り出すことができる絶好の機会を逃すわけにはいかなかった。家族との取るに足らない争いを避けて、彼女はエンブリ邸へは戻らずハーレイストリートに留まって、近くのミドルセックス病院へ看護の応援に行った。

ミドルセックス病院へはソーホー地区からコレラ患者が送り込まれてきていた。フロレンスは患者の衣服を取り替え、身の回りを清潔にした。彼女は患者に娼婦が多かったことから、夜の街を不潔な身なりで酒を飲み徘徊している彼女たちの生活と、「コレラ」とを結び付けていたらしい。その後、フロレンスは両親が待つエンブリ邸ではなく、エリザベス・ギャスケル夫人が待つリーハースト邸へ向かった。

ギャスケル夫人は一八一〇年にロンドンのユニテリアンの牧師の家に生まれ、非国教会派の牧師の妻となり、息子の突然の死の悲しみを機に小説を書くようになっていた。フロレンスがカイザースヴェルト・ディーコネス学園留学後、ハーレイストリートの療養所改善の仕事に従事していた一八五三年、ギャスケル夫人は、看護に献身的に奉仕をし、死に至った女性ルース・ヒルトンの生涯を描いた小説『ルース』を書きあげていた。

『ルース』の内容は、要約すると次のとおりである。

アイルランドの牧師の娘ルースは十代で両親を亡くして孤児となった。後見人の世話でミセス・メイスン洋裁店のお針子になった。メイスンはルースの気品に注目し、上流社会の貴婦人の服の繕いの仕事を与えた。ルースは狩猟舞踏会に付き添うようになり、魅力的な男性ヘンリー・ベリンガムと恋に陥った。二人は田舎の美しい自然の中で暮らし、ルースは孕《はら》んだ。しかし、ベリンガムの母親はルースを拒み続け、娼婦とみなす。母親によってルースはベリンガムから捨てられ、私生児レナードを産む。途方に暮れるルースを救ってくれたのは非イギリス国教会の牧師ミスター・ベンスンであった。ルースはベンスン家の世話になり、教養を身につけ、献身的修道女となって、町の有力者ブラッドショー家の家庭教師になる。しかし、世間に彼女の過去が暴かれ、一転して堕落した女という烙印を押されてしまう。信仰深いルースは息子レナードに出生の真実を語り、許しを請う。仕事を失った彼女は医師デービスと出会い、彼の善意によって看護師の仕事を世話してもらう。彼女は、貧しい人々を差別することなく看病に励んだ。町に熱病が蔓延した時、多くの熱病患者が隔離病棟に閉じ込められた。患者たちは皆死を待つ存在であった。ルースは自ら病院の隔離病棟の付添看護の仕事を願い出て、単身で隔離病棟の中に入って行った。彼女は熱病に感染し、死んでしまう。無償の愛と罪の償いのためにのみ一途に生きたルースの死は、すべての人から讃えられ、追悼された[39]。――

ギャスケル夫人は『ルース』で貧しい病人を差別することなく、自己を犠牲にして看護に奉仕する修道女の気高い精神を描き上げた。七年前に、彼女はパースノープからフロレンスが村の貧しい病人の家を訪れ、看護をした慈善奉仕のことを聞いており、ルース・ヒルトンの生き方にフロレンスと近いものを感じたのかもしれない。フロレンスへプレゼントするつもりで『ルース』を持参したのである。

しかし、ロンドンからリーハースト邸に戻ってきたフロレンスは、以前の彼女とは違っていた。フロレンスはナイチンゲール家の慈善奉仕に励む心優しい少女から一段と高い大人へと成長していた。修道女や慈善婦人とは違った確固たる社会的使命を抱く自立した看護職者として、新たな道へ歩み始めていたのである。

一八五四年、ロシアとトルコの戦争にイギリスが介入、出兵することになった。フロレンスは陸軍戦時大臣シドニー・ハーバートから看護婦人団を率いてイギリス軍に従軍するよう要請を受け、受諾したのである。

第二部

闘うナイチンゲールと仲間たち

クリミア半島と黒海　（　）内は旧都市名

第一章　クリミア戦争とナイチンゲール

一八五四年の戦場

一八五四年初夏、イギリス軍は、ロシア軍に取り囲まれたトルコ軍を解放するために、コンスタンチノープル（現イスタンブール）の対岸のスクタリ（現ユスキュダル）村に基地を築き、ブルガリアのヴァルナ上陸作戦を開始するが、この作戦に先立ち、イギリス国内で出陣式が行われた。セシル・ウーダム－スミスは、ロンドンのトラファルガー広場で行われた出陣式に隊列を組んで行進する若い兵士の悲劇的な運命を次のように書いている。

近衛第一連隊は、トラファルガー広場を軍楽を奏でながら行進し、スコットランドの近衛狙撃連隊は、一列の少年鼓手を先頭に、バッキンガム宮殿の中庭から威勢よく繰り出してきた。そして喝采を送る群集は、英国陸軍の華ともいうべきこれら壮麗なる軍団の後には、もはや予備軍がまったくないという事実を知らなかったのである。彼らは滅ぶべき運命にあり、彼らが倒れたその後には「六〇日かけてかなり良く訓練した」と称する未熟な補充兵で埋められたのであった。[40]

一見勇ましく、無敵なイギリス軍を象徴するような行進であったが、その実は熟練部隊の解散によって、実際の軍備は大幅に縮小されていたのである。外地での戦争経験のない指揮官と部隊そして手薄な予備隊、こうしたイギリス軍がブルガリアやクリミアの地でどれほどの戦果があげられるか、軍部では当初から疑問視する者もいたのである。しかし、当時、世界最強の国イギリスの一般民衆はそうした事実を知る余地もなかった。

ヒュー・スモールによると、クリミア半島での戦いで死んでいった若い兵士の多くが、一八五〇年代に、それ以前とは違った方式で入隊していた。その当時の有力な政治家パンミュア卿は以前の新兵の採用条件とは違った条件の入隊方式を始めていたのである。それは「短期兵役法」と呼ばれるものであって、「当面定職がなく、世の中をすこし見てみたいと思っている若者にとって、軍隊は魅力的な機会を提供するようになっていた[41]」のである。パンミュア卿は兵役を市民生活の中に組み込もうとする計画を立てていた。「短期兵役法」の施行はその第一歩であった。

この兵士たちには地方農民、特に長い間飢饉に苦しんでいるアイルランド出身者が多かった。また当時、高等教育機関が一般市民にも開放されるようになっており、それまでの兵士と違ってかなり高い教育も受けていて、近代社会の発展を担っていくことも期待できる若者たちでもあった。

しかし、不幸なことに、当時のイギリスは不景気の最中にあった。就職先がない彼ら若者は、街をぶらぶらしたり、帰郷して親の脛をかじったりするよりは、短期間でも入隊して収入を得ていようと考えた。要するに、戦争という過酷な現実を知らない世代の若者の、手短で一時的な就職先として、兵役があったのである。そうした就職難の一時凌ぎのために入隊した兵士が、二カ月余りの訓練を受けて、名目上、外地の予備軍として出兵して行ったのである。

イギリスの強力な軍事力と平和な繁栄に酔わされていた国民は、戦争の現場がいかに残酷で悲惨なものであるかをまったく想像できなかった。特に戦争体験の無い若い世代は、勇敢に戦って敵を撃退する姿ばかり想い描いていただろう。何らかの戦争体験を持つ長老たちにしても、平和に溺れて忘れてしまったか、あるいは世の大勢に逆らえずに黙り込んでしまっていた。

「短期兵役法」の下で入隊した若者は十分な訓練も受けないまま下級兵士として最前線に立たされ、銃撃の恐怖にさらされた。負傷すると前線の野戦病院に入れられ、麻酔もされずに、手足の切断や傷口の縫合手術を施され、そのうえ、入院費を兵役手当てから差し引かれた。不衛生な手術が原因で感染症で死ぬ場合が多く、死んだ者は情け容赦なく大きな穴の中にまとめて埋められた。夥《おびただ》しい数の兵士が無惨な死をとげることになろうとは、誰一人として想像していなかったのである。

一八五四年六月、トルコ軍を救うべくイギリス軍はスクタリからヴァルナに上陸した。そこでイギリス軍が直面したのは激しい銃弾の嵐ではなかった。意外にも彼らを迎えたのは、イギリス人が七年前に初めて本国で経験したあの怖い「コレラ」や「発疹チフス」などであった。誉れ高いイギリス軍部隊はたちまち腹痛と汚物にまみれた病人の群れと化したのである。まったく想定していなかった強敵に前進を阻まれ、ロシア軍と戦うどころではなかった。結局、トルコ軍は自力でロシア軍の包囲網を突破したとされている。

トルコ軍とイギリス・フランス連合軍はヴァルナから、クリミア半島のセバストポリ湾にあるロシア海軍基地の攻撃作戦を遂行することになった。その作戦で、イギリス軍は重大な失策をしてしまった。

セシル・ウーダム－スミスは次のようにその実態を書いている。

　セバストポリ襲撃の計画は公然の秘密であり、新聞種にさえなっていたにもかかわらず、兵站部に対する正式な通告はまったく出されず、したがって何らの準備もされていなかった。英軍がクリミアに向けてヴァルナから乗船した時、軍隊とその装備を積んで黒海を渡るための充分な輸送機関が無かった。三〇、〇〇〇人の兵員は何とか詰め込まれたが、荷を運ぶ牛馬の類や天幕、炊事用器具、救護用天幕、連隊用の医薬品箱、寝具や貯蔵食品等はすべて積み残されてしまった。戦闘に赴く兵三〇、〇〇〇人に対してたった二一台の荷馬車しか載せて行くこと

ができなかったのである。(42)

イギリス軍の好い加減な兵站によって、作戦遂行の当初から、負傷兵のための治療薬から包帯や副え木に至るまで、さらには担架や麻酔薬なども不足してしまうのは明らかであった。しかも、そうした杜撰な、人命を軽視した管理体制は、本国の人々には完全に隠蔽されていた。

本国には、イギリス軍はトラファルガー広場を行進して戦場に向かった時のように、一糸乱れぬ隊列を組んで勇猛果敢に戦い、見事にロシア軍を打ち破ったという勝利のみが報じられた。イギリス国民は自分たちの息子や兄弟が、「コレラ」や他の熱病に感染して惨めな死に方をしたり、負傷して十分な手当てを受けることもできず無残な姿で死んでいったなどという事実はまったく知らされていなかった。

スクタリの軍事病院

イギリス軍は最前線のセバストポリに到達する以前に、まったく想定していなかった厳しい戦いを強いられていた。すでに「コレラ」などの恐ろしい疫病が兵士たちの間に流行し、行く手に立ちふさがっていた。しかも、イギリス軍には臨時の野戦病院があるだけで傷病兵への対応は十分ではなかった。そうした時、スクタリのトルコ軍の巨大な兵舎がイギリス軍に譲渡されることになった。イギリス軍はその兵舎を軍事病院として使うことになった。

その当時、戦時中の医療や兵站などの管理や財政運営の全責任を負っていたのは陸軍戦時大臣であったが、その大臣はシドニー・ハーバートであった。彼は看護婦人団を組織することにした。彼はすでに戦争が始まる五年前からナイチンゲールと友情を交わしており、一八五三年には、「病める貴婦人のための療養所」の看護師長兼病院管理者を委託していた。そこでのナイチンゲールの病院管理者としての優れた才能を見抜いていた彼は、彼女を看護婦人団の団長に決定したのである。

一八五四年、ナイチンゲールは「トルコのイギリス陸軍病院看護婦人団長」に任命され、看護師の選抜を任された。彼女は真っ先に「バーモンジー慈悲の女子修道会」からメアリー・ムーアも含めて五名の修道女を選抜した。プロテスタントの慈善奉仕団体の貴婦人より先に看護婦人団にカトリックの修道女を選んだことに対して、カトリック側からもプロテスタント側からも批判が出た。しかしナイチンゲールは、修道院長ムーアの看護奉仕への行動力を第一に重んじる「労働」こそが、軍事病院の看護においても必ず良い結果をもたらすと考えていた。

イギリス国教会とプロテスタントの宗派が独占するイギリスにおいて、実際、ナイチンゲールがカトリックの修道女に協力を依頼し、承諾を得ることは一筋縄にいくことではなかった。

カトリック修道会の許可を得るためにナイチンゲールは、自らアイルランドのダブリンまで出向き、マニング枢機卿や「慈悲の聖母童貞会」の修道院長キャサリン・マコーリーに働きかけた。

当時、ナイチンゲール自身は気付いていなかったらしいが、アイルランド大飢饉の余波は一八五〇年代にも続いており、多くの若者がイギリス軍に服役して収入を得ていた。それで、クリミア戦争にはアイルランド出身のカトリックの若者が大勢従軍していたのである。こうした事実がダブリンの対談で取り上げられた。それがナイチンゲールにしてみれば思いがけない幸運であった。彼女はカトリック教会から許可を取り付けることができたのである。その結果、カトリックからは「バーモンジー慈悲の女子修道会」の修道女の他に、ノーウッドの身障者施設で奉仕している修道女の入団許可も得ることができた。

ちなみに看護婦人団としてナイチンゲールの配下に入った「バーモンジー慈悲の女子修道会」の院長メアリー・ムーアは、ナイチンゲールの考えを率先して実行し、積極的な協力を惜しまない際立った存在であった。

一八五四年の晩秋、ナイチンゲールは、ブレースブリッジ夫妻と共に、三十八名の看護婦人（カトリック修道女十名、プロテスタント慈善婦人十四名、市民病院の看護職経験者十四名）を引き連れて、コンスタンチノープル郊外のスクタリの軍事病院に赴任した。

しかし、実際に到着してみると、軍事病院というのは名ばかりで、その実態は兵士が去った後そのまま残された殺風景な兵舎そのものであった。ごみや汚れた衣類が散在しているばかりでなく、ロシア兵の死体さえ放置されていたということである。

三十八名の看護婦人団とブレースブリッジ夫妻は、まず手分けして自分たちの住む部屋を確保しなければならなかった。確保するといっても最初から割り当てられていたのは四部屋と台所、物置だけであった。

ナイチンゲールはブレースブリッジ夫人と物置を共有し、看護婦人たちはそれぞれ三グループに分かれて部屋を取った。残った一つの部屋はブレースブリッジ氏など男性の部屋として使われることになった。そして、看護婦人団は翌日から兵舎のかたづけに励んだ。

兵舎には病院としての機能がまったく整っていなかったが、ナイチンゲールはまず自分たちの職務が十分果たせるように、看護婦人ではなく看護師としての職務体制を整えることにした。

ナイチンゲールはまず以下の七点について決めた。

1　お湯でシーツが洗える洗濯場の確保。
2　傷病兵のための調理場を確保。傷病兵の特別食が用意できるように改修。食事は調理室から一斉に傷病兵のもとへ搬送できる体制づくり。
3　傷病兵の世話などをしている妻や娼婦のための産室の設置。
4　洗濯係や雑役婦の仕事を看護師の仕事から分離。
5　医薬品をストックする倉庫の設置。
6　傷病兵への清潔な下着の支給。
7　病室で遂行される手術を他から見えないようにする衝立の設置。

セシル・ウーダム－スミスによると、(43) 兵舎には明かりがなく、日常の必需品も皆無であった。また、病院として使うことになっているにもかかわらず、医療器具はもちろん医療用品すらも皆無であった。また、廊下の隅に井戸が一つあるだけで、しかも、水を使うにはブリキのタライが一つあるだけだった。洗面から飲料まですべてそのタライを使わねばならなかった。ナイチンゲールはスクタリへ来る途中に購入していた物資を使えるよう軍部に申し出たが、すべて無視され、許可されなかった。軍部には元々看護兵が存在し、女性の看護師は必要ないと考えていた。わずかな医療物資が届くようになったが、看護婦人たちの生活は相変わらず、たった一つのブリキのタライで食事をして、お茶を飲み、洗面をしていた。

傷病兵が運び込まれるようになったが、ナイチンゲールをはじめとする看護婦人は軍医の命令なしでは動くことができなかった。傷病兵が港から病院までトルコ人の運搬人に粗雑な扱いを受け、苦痛に耐えながら運び込まれて来るのを、病院内からただ見ているだけであった。病院を出て、傷病兵を運んだり看護したりすることは軍部によって禁じられていたのである。

そうした実情の中、軍部の圧力に耐えながら、ナイチンゲールは台所に看護の基盤づくりをした。父ウィリアムが持たせた金を使って、食材やワイン類を買い込み、傷病兵に特別食をつくり、食べさせた。看護婦人の台所は特別食を調理できる唯一の場所であった。これにも軍部は規則違反として圧力をかけてきたが、ナイチンゲールは頑として抵抗し、絶対に承服しなかった。「バーモンジー慈悲の女子修道会」の修道女たちはメアリー・ムーアの指揮の下、ナイチンゲールの意を酌んで彼女を支え続けた。

軍事病院の保健衛生の実情

ナイチンゲールがスクタリの軍事病院に到着して三週間経たないうちに、クリミア半島の最前線で大きな戦いがあり、軍事病院に二三〇〇人もの負傷兵が黒海を渡る数隻の輸送船に詰め込まれて搬送されて来た。しかし、軍事病院にはそれ以前から大勢の傷病兵が送り込まれており、すでに満杯になっていた。

病院輸送船の便は少なく、そのうえ一隻の積載人員の上限はわずかに二五〇〇人であった。それにもかかわらず、千人を超える傷病兵を乗せていた。しかも、それらの病院輸送船には、わずかな医薬品と医療器具しか積載されていなかった。船内はまさに地獄そのものであった。手足を切断された負傷兵や疫病に感染した傷病兵などが苦痛に悲鳴をあげ、血と汚物にまみれて這いずり回っていた。

傷病兵たちが輸送船から命からがら軍事病院に運び込まれても、彼らを待っている医療環境は船内と何ら変わるところはなかった。それはまさに地獄の延長であった。

リン・マクドナルドは、その著書『実像のナイチンゲール』において、戦後、ナイチンゲールがスクタリ軍事病院到着時の衛生状態について、イギリス政府の下院委員会に提出した報告書の一部を掲載している。

この兵舎施設の病院への転用が決定されたとき、下水溝は修理されず、溢水《いっすい》対策が施されなかった。それで、配管はたちまち詰まり、液状の糞便《ふんべん》、すなわち下痢《げり》患者の排泄物が下水溝に充満し、床上まで溢れ出し、用具用品の収納室にまで流入してきた。下水溝から溢れ出した汚水はさらに医師や看護師の控《ひかえ》室にまで流れ込み、私が兵舎病院に着いた朝には、一インチ（二・五四センチ）以上も床上浸水していた。下痢に苦しんでいた傷病兵たちが、この排泄物の洪水が進行する最中も、上履《うわば》きも靴も履かないままに、用便がますます近くなると、ドアの付近から離れられなくなり、ついには控室から一ヤード（約九十センチ）も離れていないところで排便するのを、私は目撃した。(44)

当時はまだ「感染」という言葉は病原菌の存在が明らかになっていなかったので、厳格な意味を有してはなかった。しかし、ナイチンゲールは、悪臭と淀んだ空気が原因で傷病兵は熱病に感染し、死に至ると考えていた。彼女は、クリミア半島の野戦病院とは比較にならないほどの夥しい数の兵士が病気に感染して死んだことを、報告書にして政府に訴えた。そして戦死者の真実を世に暴露したのである。

ナイチンゲールは看護婦人団長の責務として、糞便や血液にまみれた床と、かびや地下水の悪臭に満ちた空気の中、真夜中の病院内をランプ片手に、滑らないように注意しながら病棟の患者一人一人を見回ったのである。

ナイチンゲールから医療品や必要な物資が無いという報告を繰り返し受けていた戦時大臣シドニー・ハーバートは、本国からスクタリへ向かう数十隻の輸送船団を送った。その船団が黒海に入ってスクタリに近づいた時、突然暴風雨が発生した。海上の数十隻の輸送船は、岸壁から看護師たちが見守る中で海に沈んでいった。それらの船にはクリミア半島で戦っている兵士の冬物の衣服や弾薬の他、スクタリの軍事病院に送られるはずであった医療器具や医薬品などが満載されていた。

その当時の軍事病院には、医療器具や医薬品ばかりでなく、室内便器、洗面器、石鹸、タオル、毛布、シーツに至るまで必要なものすべてがまったく不足していたのである。

スクタリの軍事病院に送られて来た傷病兵たちは、無類の愛国心でもってバラクラヴァ戦線で勇猛果敢に戦い、ロシア軍を震えあがらせた兵士たちであった。彼らの名声は祖国イギリスばかりでなく世界にまで及ぶほどであったとされている。

しかし、ヒュー・スモールの『ナイチンゲール　神話と真実』（田中京子訳、みすず書房）によると、実情はだいぶ違っていた。実際の戦場では兵士の命を人間の命とは思わない将校たちの無能で残忍な作戦で、多くの兵士が犠牲になっていた。彼らは塹壕の中で飢えと疫病で身動きできないまま生ける屍と化していた。クリミア半島のバラクラヴァ最前線から黒海を渡ってトルコのスクタリの軍事病院に搬送されて来た傷病兵の多くは、汚物にまみれ、無残な姿で死を待つのみであった。

十二月に入り、物資不足のイギリス軍はクリミア半島の本格的な厳しい冬を迎えた。イギリス本国では想像できない厳しい寒さであった。大勢の傷病兵がスクタリの病院に運び込まれたが、そのほとんどが凍傷や栄養失調になって瀕死の状態であった。イギリス軍には食糧ばかりでなく防寒服や毛布なども不足していたのである。

イギリス軍にしてみれば、クリミア半島の真冬の厳しさなどはまったく想定外のことであったに違いないが、反対に、ロシア軍は半島の冬を熟知していて、兵士の多くを前線から撤退させていた。イギリス軍の真の敵はロシア軍ではなく、寒さと飢えと「コレラ」であった。

クリミア半島での戦場の様子をイギリス軍の「雑役婦」は次のように書いている。

私は洗濯女であり、料理人であり、同時に何でもこなすのですが、（中略）恐ろしいコレラは相変わらず猛威を振るっています。再び手紙を書き始めたのですが、そうした中にも六人の哀れな兵士が死にそうです。

十二月二日　風の強い、寒い朝です。両足は凍っているように感じます。寒さとコレラで二五人死にました。病院に今この病気で一八人、赤痢で二五人入院しています。

十二月九日　十日間雨が降り続き、コレラが発生し、四八〇人中七五人が死に、さらに一〇〇人が野戦病院に運ばれたのですが、驚いたことに、テントもなく一握りの薬もないのです。救える可能性もなく、置き去りにされています。塹壕の中で休むことなく死の恐怖と闘いながら働かされているのです。敵はいません。(45)

真冬の戦場兵士に対するイギリス政府の思慮の無さは、軍事病院に対しても同様であった。病棟には三千人もの傷病兵を収容していたが、ベッドがその数だけあったわけではなく、一メートル程の通路を挟んで床にマットを敷いて対応していた。病院内には負傷兵よりも病兵の数の方が圧倒的に多かったが、病人に対応するには衛生状態は極めて悪く、悪臭が蔓延し、水は汚染され、消毒剤や医療品はまったく不足していた。しかも、軍医の対応も悪く、傷病兵を人間扱いしない治療を続けていた。

ユルゲン・トールヴァルドは、『外科医の世紀　近代医学のあけぼの』でスクタリの軍事病院の手術の現状を書いている。

クリミア半島から船でベッド数をはるかに超える数の傷病兵が運び込まれて来ていた。傷病兵は床の上に直接敷かれたマットに寝かされ、緊急に肢体の切断手術が必要な場合は、その場で行われた。床に血が飛び散り、汚物が散らばっていることもあった。(46)

次々に運び込まれて来る傷病兵の手術や治療は病院内の衛生事情をさらに悪くした。しかも、病院内では地中海特有の熱病に加えて、「発疹チフス」や「赤痢」そして「コレラ」などが猛威をふるった。外科医や看護師を含む医療従事者ばかりでなく、船便待ちの一時的宿泊者にまで熱病や「コレラ」に感染する犠牲者が多く出た。

ナイチンゲールは戦時大臣のシドニー・ハーバートに、医療品、衣料、食糧などがまったく不足している実状を手紙で繰り返し訴え続けた。ハーバートはナイチンゲールの要求や不満を受け止め、病院へ支援物資を送り続けたが、正確に目的地に届くとは限らなかった。イギリス軍の兵站は極めて杜撰な状態が続き、ナイチンゲールは遣る方無い怒りを覚え続けた。

そうした状況の中で、ナイチンゲールは病院に傷病兵が搬入されては死んでいく、すさまじく苛酷な現実に毎日追いまくられ、無我夢中の状態であった。しかも医療物資や食糧などの調達に追われ、病院での高い死亡率に秘められた公衆衛生の問題などを冷静に考える余裕はなかった。

一八五五年の春になると、イギリス・フランス連合軍はロシア軍との本格的な戦闘状態に入ったが、スクタリ軍事病院内には、相変わらず医療設備品や医薬品から室内便器や洗面器や石鹸などに至るまで不足している状態が続いた。

クリミア半島の戦場で、下級兵士は最前線に立たされ、銃撃の恐怖にさらされ、負傷してスクタリの軍事病院に運び込まれると、直ちに麻酔もされずに手術をされた。血は飛び散り、激しい悲鳴があがった。ナイチンゲールはその惨状を見るに見かねて、ベッドとベッドの間を仕切る衝立を置いたということである。軍医と看護師の間は完全に分断されていた。軍医の為すことに看護師は一切口を出すことはできなかったのである。

下級兵士は負傷して入院すると、入院費を兵役手当てから差し引かれた。さらにまた不潔な衛生環境の中で、熱病に感染して死亡した。そのような悲惨な状況下にあっても、彼らは節約して故郷に送金した。

ナイチンゲールの心をさらに痛めさせたのは、負傷から死亡する兵士の数より、病死する兵士の数の方が圧倒的に多かったということである。入院して治療や手術を受けた後でも健康を回復することなく病死していった兵士の数の多さを思っては、彼女は自責の念を募らせ、自虐的なまでに自分を追いつめることさえあった。

ナイチンゲールは戦時看護に課せられた責任が極めて過酷なものであることを、戦争の残酷な現実を目の当たりにし、思い知らされたのである。本国でいかに彼女が聖女扱いされていようとも、アイルランドやイングランドの貧しい農村出身の若い、あどけなさの残る素朴な兵士たちは、非人間的な扱いを受け、惨めとしか言いようのない境遇に放置され、死に至っていた。その哀れな姿は戦後ずっと彼女の心を苛《さいな》み続けた。

クリミア半島では、ロシア軍がイギリス・フランス連合軍に包囲されたセバストポリに救援部隊を送るために、包囲軍の基地であるバラクラヴァへ攻撃をかけてきた。イギリス・フランス連合軍およびトルコ軍は激しい防衛戦を展開した。この戦いでイギリス軍は非常に多くの犠牲者を出した。犠牲になったのは兵士ばかりではなく、作戦遂行に欠かせない軍馬も失った。

戦いは、多くの犠牲を出しながらも防衛に成功した。しかし、戦死を免れた傷病兵はほとんどが健康を回復することなく死んでいった。その死因のほとんどが術後に感染した病気であった。政府は大量の犠牲者を出した全責任を戦時大臣シドニー・ハーバートに押し付けた。翌年、彼は陸軍戦時大臣を辞任した。ナイチンゲールは最強の後ろ盾を失うことになったのである。

軍事病院の衛生環境の改善

クリミア半島のイギリス軍は「コレラ」ばかりでなく、様々な熱病に苦しめられていた。その熱病は総じて「クリミア熱」と称されて、ただ発熱の症状によって区別されていた。具体的には、平熱以下と高熱が日毎交互に繰り返される間欠熱《かんけつ》、微熱から高熱が繰り返し襲う弛張熱《しちょう》、高熱が続く稽留熱《けいりゅう》、高熱と平熱が一定の期間をおいて長年繰り返される回帰熱などに区別されていた。熱病を発症させる細菌や微生物の存在が発見されていなかった当時は、「発疹チフス」や「腸チフス」や「マラリア」などの病名はなかった。そうした熱病にイギリス軍だけでなくフランス軍やトルコ軍の兵士も罹っていた。

発症原因がはっきりしない熱病を発熱の症状だけでのみ区別していた現実にあって、その予防策や治療方法などはほとんど無に等しかった。

　スクタリの軍事病院の傷病兵は、ナイチンゲールが戦後に明らかにしたのであるが、戦争が始まって七カ月間に疾病だけが原因で死んだ死亡率が六〇％にも達していた。非常に高い比率で病死していたのである。ナイチンゲールはその病死の原因を、病院の衛生状態の悪さから生じる「悪臭」であると考えた。熱病の予防にまずは「悪臭」の元を絶つこと、ナイチンゲールはそれこそが病死者の比率を下げる最善の予防策であると確信していた。

　ナイチンゲールはハーバートの後を受けたパンミュア卿陸軍戦時新体制に対して、スクタリの軍事病院の公衆衛生の改善を要求した。公衆衛生改革者エドウィン・チャドウィックの「瘴気説」の影響を受けていた彼女は、衛生環境の改善によって疾病を予防できると考えていた。

　チャドウィックが改革の拠り所としていた「瘴気説」は、一八五四年にジョン・スノーが「コレラ」の直接感染を立証したことによって信頼がすでに失われていた。しかし、ナイチンゲールはスクタリの軍事病院で、「瘴気説」に基づいて改善を要求したのである。

　ハーバート失脚によってナイチンゲールは改善要求の容認の可否に一抹の不安を抱いたが、後任のパンミュア卿は即座に衛生委員会を立ち上げ、衛生保健局の医師ジョン・サザランド博士を長として土木技師のロバート・ローリンソンとヘクター・ギャビン博士を派遣した。その他六人の技師や衛生監査官および大量の建築資材をナイチンゲールのもとに送り込んだ。

　また、クリミア半島へは直接、スコットランドの「救貧法」委員をしていたジョン・マクニール医師およびアレクサンダー・タロック大佐ら二名の衛生委員を派遣したのである。
サザランド博士はエディンバラ大学で医学を学び、一八三一年に外科医の資格を取得した。その後、リヴァプールで開業医をしながら公衆衛生に強い関心を抱き、イギリスで最初の保健医療医師となったウィリアム・ダンカンと協働してリヴァプールの公衆衛生改善に努めたこともあった。また一八四八年には、公衆衛生に強い権限を持っていた「保健委員会」の調査委員も歴任していた。

ナイチンゲールはサザランド博士と同行して公衆衛生について多くを学び、幅広い衛生学の知識を得ることができた。しかし、二人の関係はそれだけにとどまらなかった。ナイチンゲールにとって、サザランド博士の存在は生涯を通じて非常に大きな意味を持つことになった。

サザランド博士はクリミア戦争の後も、ロンドンでナイチンゲールが軍事病院での軍医や軍役人の怠慢や無責任を告発した時、常にナイチンゲールの良き理解者となり、信頼できる友人となって、気持ちが昂る彼女を宥める役にもなり、頼りになる協力者にもなったのである。さらに、陸軍が国内やインドに軍事病院を設立する際にも、保健衛生の問題などでその主要な役割を担うことになった彼女を補佐し、励まし続けたのである。

サザランド博士ら三名の衛生委員はスクタリ軍事病院に到着すると、すぐに病院の衛生面での改善に乗り出した。彼らは病院の建物と野営地の衛生状態をくまなく調査して、「悪臭」の根源を探り出した。それについてセシル・ウーダム－スミスは、「そこで彼らが発見した様々な事実は、まさに身の毛もよだつようなものであった。彼らは、兵舎病院の衛生設備の欠陥の実情を『殺人的』と表現した[47]」と書いている。

下痢患者のための臨時便所は無蓋で水洗設備がなく、下水溝はあふれて、汚水は周辺の壁に吸収されて強烈な「悪臭」を放っていた。また、給水路と貯水槽も汚染され、汚濁し、「異臭」を放っていた。彼らは下水の中に「悪臭」を放っている大量の動物の死骸とゴミを発見し、それらをすべて除去した。そして、下水溝を消毒し、壁に潜んでいた害虫をすべて石灰で駆除した。

軍事病院の衛生環境改善による効果は目に見えて現れた。病院内での熱病罹患者の死亡率が急激に低下したのである。これは看護師ナイチンゲールが国を動かして得た最初の偉大な勝利であった。

彼女は病院内の衛生の改善がなされたことに気をよくし、看護の仕事に精を出すことができるようになった。傷病兵が衛生面で自己管理ができるように、兵士専用の台所や洗濯室などを設置した。さらに兵士たちの間に慢性化していた飲酒癖をやめさせようと、また怠惰な生活に陥らないようにするために、知的向上心や知的欲求を満たせるように読書室を設けた。その結果、飲酒癖のある兵士は減少したということである。そうした彼女の功績の中で最も注目に値するものは、兵士が兵役の手当てを故郷に送るのに、軍の機関を利用していたのを廃止して、文民の機関すなわち郵便局に匹敵する機関を病院内に設けたことである。

ナイチンゲールはスクタリの軍事病院で、看護とは病気の治療ばかりでなく、患者の衛生管理、栄養管理、さらには精神衛生や身体的保健の管理に至るまで、すべてを看護師の職域に含むことを明確にしたのである。

バラクラヴァ行きの災禍

一八五五年五月、クリミア半島のバラクラヴァに最前線の軍事病院ができた。クリミア戦争のイギリス軍司令長官ラグラン卿はスクタリ軍事病院の看護婦人の派遣を求めてきた。

その求めに対して、新しくスクタリ軍事病院に赴任したばかりのエリザベス・デーヴィスという六十歳代後半の看護婦人が、バラクラヴァへ行く許可をナイチンゲールに申し出た。看護婦人団長としてその管理責任者としての立場を全うしたいナイチンゲールは、デーヴィスの派遣許可願いを拒絶した。しかし、ラグラン卿の強い引きがあって、エリザベスは結局ナイチンゲールを無視し、無許可のままバラクラヴァへ行ってしまった。

ナイチンゲールがデーヴィスの派遣願いを断固拒絶したのには、それなりの理由があった。それまで軍部の横暴なやり方に業を煮やしていたナイチンゲールは、政府に職務権限の確認を取った。そして、クリミア半島も含めた軍事病院全体の看護は、彼女が責任者になっていることがわかって、人事権も彼女にあると思ってしまった。しかし、人事権は従軍看護婦人にのみ及ぶ職務権限であって、軍事病院の人事は軍部の方針が一番大きく物言うものであり、その全体の統率支配権は最上位の軍医長ジョン・ホールが握っていたのである。

ホールはナイチンゲールを、陸軍戦時大臣ハーバートやその他の有力者の権力を背景にした専制主義的管理主義者だと決めつけていた。スクタリでは軍医長ホールが考えるように、実際、ナイチンゲールは有力者の権力を背景にして、軍部と軍医長の力に対抗し、病院の看護体制から彼らの支配を遠ざけようとしていた。しかし、最前線のバラクラヴァ軍事病院では軍医長ホールがしっかりと支配し、病院内に反ナイチンゲール体制を築いていた。そして、ナイチンゲールの厳格な規則と独裁的看護体制に反発する看護婦人を誘って、バラクラヴァに集めていたのである。デーヴィスの派遣願いはまさにナイチンゲールにとって裏切り行為以外の何物でもなかった。軍事病院に意のままになる看護婦人を集めようとする軍医長ホールの支配を、彼女は絶対に許せなかったのである。

折しも、バラクラヴァの病院は衛生状態が悪く、「コレラ」による死人が出ているという噂が伝わってきた。ナイチンゲールの心は動いた。彼女は衛生改善以前のスクタリ軍事病院と同じような状況が発生していて、多くの傷病兵が疾病の犠牲になっているのではないかと案じた。看護の責任はバラクラヴァ軍事病院にまで及んでいると考えた彼女は、公衆衛生の改善が急務であると確信し、バラクラヴァ行きを思い立ったのである。

しかし軍部は、ナイチンゲールが責任を負うべき場所はスクタリ軍事病院だけに限定していた。しかも、最前線の軍事病院で最大規模のキャッスル病院には、軍医と医療兵と彼らの指示に忠実に行動する看護婦人によって強固な医療看護体制が確立されていた。彼らは、専制主義者ナイチンゲールの訪問を断固阻止しようとしたのである。

それでも、バラクラヴァの全軍事病院の看護が自己の責任下にあると思い込んでいたナイチンゲールは、軍関係者の意見に耳を貸すことなく、急遽、サザランド博士他二名の衛生委員と共に最前線の軍事病院への視察を決行した。

ナイチンゲールは一つの大きな過ちを犯していた、と言えるかもしれない。バラクラヴァの「コレラ」の噂を真に受けたうえに、スクタリ軍事病院の体験と重ね合わせて誇大解釈してしまったのであろう。また、彼女は無残な兵士の死に直面して、過剰なほどの責任感を抱くようになっていたのであろう。結局、彼女はバラクラヴァへ必要のない訪問をしてしまったのである。

バラクラヴァの軍事病院への強行視察に際して、ナイチンゲールを待ち構えていた強敵は意外にも軍司令官でも軍医長でもなかった。待っていたものは「クリミア熱」という正体不明の熱病であった。彼女は上陸して間もなく突然激しい疲労感と憔悴感を覚え、意識を失った。激しい高熱が出て、昏睡状態に陥ってしまった。一般に「クリミア熱」の症状は高熱のほか極端な疲労、精神錯乱、食欲不振、歩行困難などであったとされている。

同行していたサザランド博士はスクタリに戻る船の中で、ナイチンゲールに、イギリスに戻って、本国の病院で診てもらうよう忠告した。しかし、彼女はその忠告を無視してしまった。スクタリに戻った彼女は衰弱しきっており、容貌も変わり果てていた。彼女を出迎えた人々は、そのあまりの変わり様に驚いてしまうほどであった。しかし、正体不明の熱病の症状は二週間ほどしておさまったらしく、彼女は疲れが出ただけだと言い訳して、スクタリ軍事病院から出ようとしなかった。その後はそれまでと同様に精力的に傷病兵の看護に励んだ。

そうした最中、ナイチンゲールにとって不幸な出来事が起こった。協力者として頼りにしていたブレースブリッジ夫人が突然イギリス本国に戻ってしまったのである。夫人はスクタリ軍事病院で慰問品の分配と管理という仕事を手伝っていた。ナイチンゲールは急いでイギリス本国から若い女性を雇って、代わりの仕事をしてもらうことにした。しかし、その女性は慰問品の分配を偽り、かすめ取っては隠すという悪行を繰り返し、問題が明るみになって事件になることを懸念したナイチンゲールは、その女性を急遽本国に戻した。ところがその女性は本国で、ナイチンゲールから不当な扱いを受け、強制的に本国に戻されたと言って、ナイチンゲールを告発したのである。

ナイチンゲールの親族やハーバート夫妻などはその小さな事件を大きく取りあげて、本国では大きな問題になった。メイ叔母はナイチンゲールを心配して、慰問品の管理分配の仕事をする新たな女性を連れてスクタリまでやって来たのである。ハーバート夫妻や親族の人たちはナイチンゲールのことを思いやるあまり、ブレースブリッジ夫人を激しく責めてしまったが、逆に、それは夫人のことを気遣うナイチンゲールにしてみれば辛い出来事になってしまったのである。

一八五五年十月下旬、ナイチンゲールは熱病が再発し、激しい坐骨神経痛に襲われて、まったく動けなくなってしまった。やがて回復すると、彼女はブレースブリッジ夫人を気遣う手紙を書いて、「クリミア熱、赤痢、リウマチなど、今や私はおよそこの風土がもたらす病のすべてを経験しましたから、もう自分の躰はこの気候風土に完全に順化され、兵士たちとともにこの戦いに耐え抜く用意ができたと信じています(48)」と、自分は何があってももう大丈夫だということを強調したのである。

ナイチンゲールの病のことはヴィクトリア女王の耳にまで伝わった。女王は心配のあまり、ナイチンゲールのもとに、特使としてイギリス軍司令長官ラグラン卿を遣わしたほどであった。ナイチンゲールの正体不明の熱病は数日して治まり、回復し元気になった。しかし、彼女のその回帰性の熱病との闘いはまだ始まったばかりであった。

仮にナイチンゲールがサザランド博士の忠告を聞き入れて、発症後すぐにでもイギリス本国に戻っていたとすればどうであっただろうか。多分、入院したにしても、その熱病が完治するようなことはなかったであろう。何故なら、その熱病の正体と病名が明らかになったのは二十世紀も半ばを過ぎてのことであったからである。しかし、ナイチンゲールに付きまとった謎の熱病に対して、仮病だとか神経症だとかいう不愉快な噂がたつことだけは少なくとも回避できていたかもしれない。

帰国後の新たな誓い

ナイチンゲールは、スクタリ軍事病院に着任する十年ほど前に、医療統計学者ウィリアム・ファーが公衆衛生改善のために礎となる「死亡報告書」を市民に義務付けたのを知っていた。それに倣って、彼女は傷病兵の死亡記録を残した。また彼女は、綿密に症状を記した看護日誌をつけることを看護師の重要な仕事に位置づけた。

クリミア戦争が終結した一八五六年、一人で人目を避けるようにロンドンに戻ったナイチンゲールは、スクタリの軍事病院で、看護師としてナイチンゲールの忠実な片腕となって働いていた「バーモンジー慈悲の女子修道会」の修道院長メアリー・ムーアを訪ねた。

ナイチンゲールはメアリー・ムーアと配下の修道女たちが一足先に持ち帰っていた軍事病院の看護日誌と死亡記録を受け取った。そして、列車でダービシャーのリーハーストへ向かい、しばらくリーハースト邸に籠った。

ナイチンゲールはリーハースト邸の何ひとつ不自由ない生活の中で、貧しい田舎出身の若い兵士の無垢な顔や哀れな姿を思い出した。そして、政府や陸軍当局の無責任で残酷な姿勢に激しい怒りを繰り返し覚えた。戦争が終わっても何の反省もなく、下級兵士の無残な死に対して誰も責任を取っていなかった。それればかりか、責任が問われるべきはずの将校たちが戦争の功労者として表彰され、昇級さえしていたのである。

その一方では、衛生委員としてクリミア半島の軍事病院を調査したマクニール医師とタロック大佐は、一八五六年の報告書で、幾人かの将校の「無能さと怠慢のせいで、何千人もの一般兵卒(報告書は正確な人数は黙したままである)がいかに過労、栄養失調、粗末な宿舎、壊血病などに苦しみ死を迎えたかを示し」た。そして、「これらの死因はどれも、すでに軍の倉庫にあった物資、あるいは近隣で手にはいったはずの物資を利用すればふせぐことができたはずだった」(49)と報告したために、パンミュア卿とクリミア戦争功労者たちの反感を招いてしまった。二人は軍部の審問委員会にかけられ、厳しい批判に曝された。軍部は軍事病院の真実が明るみになって責任が問われるのを怖れて、事実を隠蔽しようとしたのである。

一八五六年九月、エンブリ邸の近くにあるイーストウェローの小さな教区教会、「アンティオークの聖マーガレット教会」の礼拝にナイチンゲールは招かれた。彼女は貧しい村人を前にして、帰国後初めて自分の思いを述べた。

　国のために苦痛を耐えまた死んでいった兵士たちに対して、私たちはもはや何もすることはできません。彼らはもう、私たちの援けを必要としてはいないのです。その魂はそれを与えたもうた神の御許にあるからです。私たち遺された者の務めは、彼らの苦しみを無駄にしないことであり、そのために今から後は、この経験から学びとって、先見の明と優れた管理の力を発

揮して、このような惨苦を、すこしでも減らすよう努めることであります。(50)

このイーストウェローの教会での誓いは、貧しい村人の戦死した子息たちへの鎮魂の意味が込められていたと理解できるかもしれない。しかし、真意は鎮魂にとどまってはいなかった。ナイチンゲールが自ら使命と決めていたクリミア戦争の真実を明らかにし、新たに予定されている軍事病院建設における保健衛生問題をめぐって、軍部を敵にまわして闘う宣言でもあった。

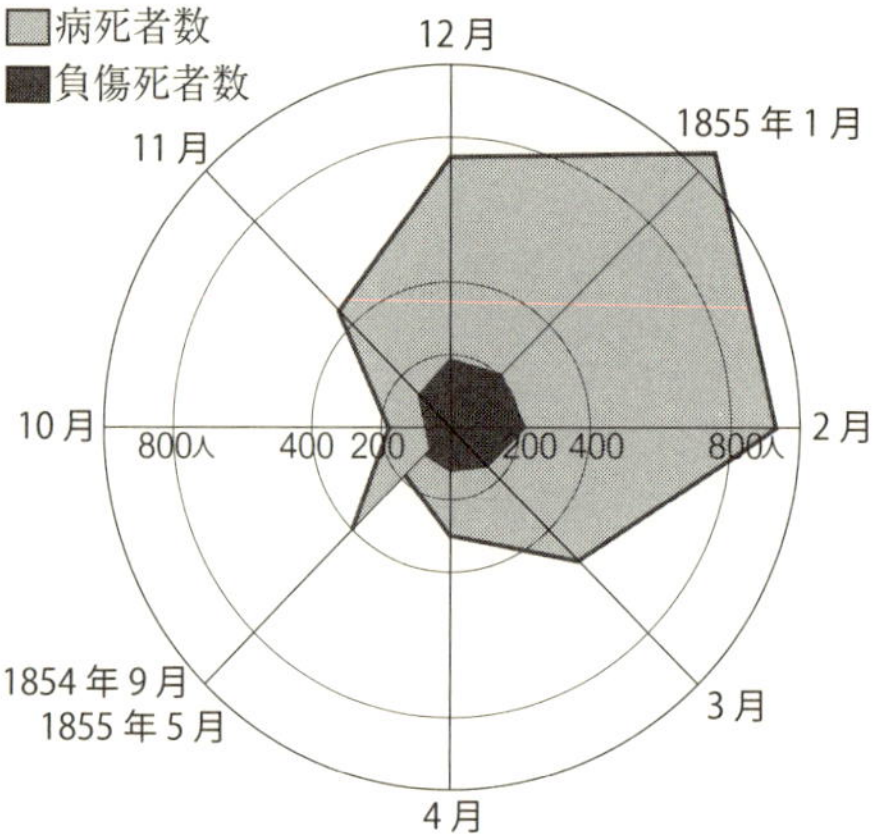

ナイチンゲールの「鶏頭図」例。1854年９月から翌年５月までのスクタリ軍事病院での病死者数（院内感染者を含む）と負傷死者数を，月毎の軸上に示し，直線で結んで表した。（筆者作成）

絶対になさなければならないナイチンゲールの重大な使命とは、軍部の欺瞞に対して、傷病兵の死因の真実を世の中にはっきりと知らしめることであった。それはまた、軍の看護婦人団長としての責任であり、義務であった。彼女はサザランド博士とウィリアム・ファーの支援を得て、神憑《かみがか》り的な強さと知恵でもってその使命を成し遂げたのである。

ナイチンゲールが優れた才能と知恵を発揮して生み出したものに、「鶏頭図」と呼ばれている図表がある。彼女はそれでもってスクタリ軍事病院の真実を世に知らしめることができ、また、その図表は歴史に残る偉業としても高く評価されている[51]。

統計学にも通じていたナイチンゲールは、一般に使われている抽象的な棒グラフや折れ線グラフでは、いかに多くの病死者が出ていたかを訴えるには弱いと考えていた。そこで円グラフを基にして、言葉による説明をしなくても視覚的に一目瞭然に理解できる図表を創り出したのである。

彼女は軍事病院内の傷病兵の死亡因を「戦死」と「病死」とに色分けして、円形の図に表すことによって、一目でその差を理解できるようにした。その図表は数を量として具体的に示すことによって、病死者の割合と数の増減を極めて印象的に明らかにすることができた。その図表ひとつで、傷病兵の死因に関する真実を世に明らかにし、軍部に猛省を促すことができたのである。

ブルセラ症感染

クリミア半島で思いがけなく受けた熱病の災禍は、ナイチンゲール自身の体の中に居座り続けた。そして、海岸へ寄せてくる大波のように、誰にも理解できない激痛が一定の期間をおいて彼女の全身を駆け巡ったのである。正体不明の発熱のたびに彼女は孤独な闘病生活を余儀無くされたのである。

ナイチンゲール自身は高熱などの症状が出ても、しばらくしたら治まったので、それを過労にによる発熱と思っていたらしい。自分の罹病がどれほど恐ろしいものか、知る由もなかった。実際、熱病の痛みとそれに対する闘いは、帰国してから一八八七年頃まで約三十年以上もの間、回帰的に繰り返され続けたのである。

イギリス帰国後の一八五六年夏、動悸、呼吸困難、卒倒、衰弱、消化不良などの症状に襲われた。さらに、一八五七年秋に再度高熱を出して以来、何度となく寝たきりになって死の危機に瀕する経験をした。ロンドンのサウス・ストリートの部屋には机をベッドの脇に置いて、ベッドの上で仕事をすることが多くなった。病院の保健衛生に関する意見書や報告書の草稿に関しては、サザランド博士が書き、ナイチンゲールの承認を得ることが多かったということである。

ナイチンゲールの熱病は帰国から約十年経っても回復することはなく、逆に悪化しているようであった。一八六六年には、ほぼ前半年を寝たきりで過ごしたということである。面会者も一日に一人が限界であった。

一九一〇年にナイチンゲールが亡くなった後も、彼女の病名が医学の専門家でもよくわからなかったことから、様々な憶測が生まれた。その中には仮病説さえもあった。もっともらしい病名を一九一三年につけたのは、*The Life of Florence Nightingale*（『ナイティンゲール［その生涯と思想］』）の著者エドワード・クック卿であったとされている。その病名は心臓拡張症あるいは神経衰弱症であった。

その後、心身症と言われたりしたが、一九一八年にアリス・エヴァンズ医師はマルタ熱と畜牛の流産熱病との間に密接な関係があることを発見し、「ブルセラ・メリテンシス」と命名した。アリス自身その病に罹り、十七年間繰り返される発病に苦しみ続けた。アリスの発見以後、医師たちが病名を発表するが、総じて過労性の心身症の域を出るものではなかった。

明確な病名をつけたのはデヴィット・ヤング医師であった。彼は一九九五年に、ナイチンゲールの回帰性の熱病を当時よく知られていた「地中海熱」あるいは「マルタ熱」と同じであるとした。そして、それはブルセラ症であることが判明した。

ブルセラ症は、十九世紀に「クリミア熱」のひとつとされていた弛張熱《しちょうねつ》と同義とされており、その特徴は神経過敏症、発熱性興奮譫妄《せんもう》症、長期胃炎症などの症状を引き起こすとされている。全身の痛み、抑鬱症、食欲不振、妄想、息切れ、最もひどい症状は坐骨神経痛、激痛を伴う脊椎炎や脊髄の炎症などが一定の期間をおいて襲ってきては一定の期間苦しめると潮が引くように回復する、それが繰り返されていくのである。恒久的な障害となる場合もあるとされている。

ナイチンゲールは激痛を伴う脊髄炎を発症して何度もベッドから起き上がれなくなり、激痛に襲われ、寝返りもできないことがあったとされている。

ナイチンゲールがバラクラヴァでこの恐ろしい病に罹らなければ、聖トマス病院の若い看護師たちと親しく交わり、直接彼女の口から励ましの言葉をかけ、見習い生に対しても直接指導にあたることができたであろう。また、一八九三年、七十三歳の彼女はシカゴ万博で開かれた「病院・看護に関する国際会議」に招かれ、米国の看護師の前で「病人の看護と健康を守る看護」の講演をし、拍手喝采を受けることができていたかもしれない。

『病院覚え書』にみる「瘴気説」

ナイチンゲールはスクタリ軍事病院の病気の感染を、悪臭の元を絶つことによって防ぐことができた。悪臭こそ病気を感染させる元凶であるという説は、要するにチャドウィックの「瘴気説」であった。しかし、そのチャドウィックの理論は、クリミア戦争が終結した一八五六年に「コレラ」の直接感染が明らかになって、権威を完全に失ってしまった。公衆衛生学は新たな時代を迎えていた。

ナイチンゲールが「瘴気説」に基づいて一八六〇年に『看護覚え書』を著し、看護論を展開したことは有名だが、『病院覚え書』にも「瘴気説」が生かされた。病人の治療には当然、病気の直接感染説は正当性を有するが、看護においては患者の保健衛生環境が重要視されるのである。ナイチンゲールにはその職務上の確固たる識別がなされていたと考える。『病院覚え書』は『看護覚え書』ほど著名ではないが、保健衛生に焦点を当てて病院看護の問題を論じた、十九世紀にあっては画期的な書である。

『病院覚え書』[52]によると、ナイチンゲールは、病院の本来の機能として「できるだけ早く病人に健康を回復させる」ことおよび「死亡率を最小に抑える」ことをあげている。そして、手術患者の場合、病院の衛生状態を問題視した。この時すでに、手術中の感染や今日でいう「院内感染」などを意識していたようである。

感染症の源となるものとして、ごみごみした病室、換気不全、建築構造上の不備、管理上の整理の悪さなどをあげており、そうしたものが病院内での死亡率の高さにもつながると考えていた。こうしたことは今日ではすでに常識となっているが、当時では斬新で革新的なことであったに違いない。

ナイチンゲールは、院内感染を引き起こすものとして、ウィリアム・ファーの「発酵病説」の他に「接触伝染」をあげている。ナイチンゲールは「接触伝染とは何だろう?」と問うて、「それは《接触》によって人から人へと病気が伝わることを意味している」[53]と明確に述べている。しかし、接触をとおして、何がどのように感染するか、そのメカニズムに関しては空気感染以外にまったく未知の状態であったように思える。

二十一世紀の今日、細菌や微生物が何らかの経路を通って体内に侵入することによって病気に感染する、ということは誰でも知るところであり、直接感染や接触感染についても、そのメカニズムは医者でなくても大体のところは多くが一般にも知られている。しかし、ナイチンゲールの時代、彼女が知ることができたのは「感染」という言葉だけであったであろう。彼女はスクタリ軍事病院内での死亡率が非常に高かったことに疑問を感じ、「感染」を考えたのであろう。たまたま病院に来た健康な外来者が病院内で疫病を発症させ、死に至った例を何度も見ていた。

ナイチンゲールは「瘴気説」や「発酵病説」を基にして、閉ざされた空間の中で悪臭や淀んだ空気を吸い続けると病気に感染するという発想をさらに進めて、病気は空気ばかりでなく接触によっても「感染」していくという説を疑問視しながらも、部分的には容認していたことは驚異的なことだったのではないだろうか。

また、ナイチンゲールは新鮮な空気の重要性を強調している。しかし、換気でも人工換気法はかえって空気が汚れるとしている。できるだけ自然の空気を入れることを強調して、窓を開けたり閉めたりする「自然換気」を重要視している。

「自然換気」は、病人の生命の源泉である新鮮な空気を手に入れる唯一有効な手段なのである。「瘴気説」の生命の法則に従えば、呼吸作用によって、排泄物などから出てくる悪臭や湿気を含んだ空気を体内に入れることになる。結局それが肺から血液に混じり、病気になる。それを防ぐのは「自然換気」による新鮮な空気だけであると考えたのである。

しかし、十九世紀末の急速な医学の進歩によって、医療の保健衛生への対応はナイチンゲールが『看護覚え書』を世に出した四半世紀前とは比較にならなかった。細菌や消毒の発見などによる医学の進歩は、「瘴気説」を時代遅れなものにしてしまった。細菌や微生物の増殖を抑えたり、滅菌したりできるのは「換気」ではなく、「消毒」であることが明らかにされたからである。

そういった状況であったにしても、ナイチンゲールが主張したことについては率直に耳を傾け、現代人の生活を見直してみる必要があるのではないだろうか。何故なら、ナイチンゲールは私たち現代人が捨ててはいけないものを教えてくれているからである。それは「自然換気」に象徴されるように、人間の生命の法則の認識とその法則に従って保健というものを見直すことであろう。

第二章　病院拡張に伴う看護師育成の問題

労働者階級の台頭と格差拡大

十九世紀、イギリスの社会状況は激変した。その最大の要因は蒸気機関が工場や輸送手段に導入されたことであった。第一に蒸気機関は織物工場の生産工程に変革をもたらした。イングランドの中部から北部にかけて、山岳・丘陵地帯があり、広大な羊の放牧地帯が続いている。現在も列車の車窓などからその風景を見ることができる。

山岳地帯から流れ出る水は、低地のマンチェスターやリーズやシェフィールドといった周辺の都市に注ぎ込まれ、十九世紀の産業発達に欠かせない豊かな水資源となっていた。

また、石炭をはじめとする様々な鉱物を産出する鉱山が発見され、周辺の都市では様々な工業製品が生産されるようになった。ランカシャーには鉄鋼業、ヨークシャーには羊毛織物業、ミッドランド地方には貴金属製品の産業が発達し、それら生産物はリヴァプールに集積され、北アメリカ大陸へと輸出された。

特に、紡績産業の生産工程の合理化によって、熟練された技能職人の職域は狭くなった。非熟練工でも生産に関わることができる分割作業による大量生産方式の工程の一員になってしまった。

蒸気機関による産業革命発祥の地であるスコットランド南部の都市グラスゴーは、紡績産業や鉄鋼産業やたばこ産業などが発達し、急速に産業都市として繁栄した。

グラスゴーに限らずこうした都市は大量で種々の労働者を呑み込み、巨大な労働者社会へと発展していった。特に産業都市に集まってきたのは、土地を追われたアイルランドやイギリス全土の貧しい小作農民がほとんどであった。彼らの多くが非正規雇用の労働者になり、下層労働者を形成した。彼らは劣悪な生活環境の中にあっても耐えることができた。正規雇用の労働者には社宅が保障されていたが、非正規雇用の下層労働者にはそうした保障がなく、貧しいスラム街に住んでいた。

こうした現象はロンドンでも例外ではなかった。イーストエンドには巨大な労働者の街ができあがっていた。労働者階級は増え続け、社会を担うまでに成長していった。それと同時にテムズ川南側には下層労働者の広大な貧民街が広がっていった。

下層労働者を含んだ労働者階級は事業主に搾取される存在で、全般的に貧しい上に選挙権がなく、保健医療の社会保障もまったくなかった。

一八三二年に成立した「イングランドとウェールズに関する選挙改正法」によって、有権者の範囲がアパートなどの家主から小規模の店舗主や土地の所有者などを含む中流階級にまで拡大され、人口の多い都市が人口の割合に応じて中流階級の議席を多く確保できるようになった。

しかし、そうした民主化が進む中にあっても、労働者階級だけは選挙資格を得ることができなかった。イギリスの人口割合では貴族階級や大資本家はほんの一部を占めるに過ぎず、労働者階級が最も多く、次いで中流階級であったが、その中間層が議会制民主主義の多勢力を占めるようになって、労働者階級にも次第に利益がもたらされるようになっていったのである。

一八三三年に「工場法」が制定された。この法律によって、工場経営者の自由勝手な裁量が制限され、年少者や婦女子の労働時間が制限されることになった。しかし、イギリス社会全般で経済界の自由放任主義の傾向は強く、国益を重んじる政府は大資本家を厚く保護していた。表向きとは違って、現実では雇用者側への法的強制力は弱く、労働者の労働条件改善に関しては目覚しい成果はあがっていなかった。

とはいえ、階級というにはあまりに漠然とした中流階級の台頭は、労働者階級の構造に対して影響を及ぼした。労働者の内にも、有識者や専門技術者が存在した。彼らの中には、中流階級に接近して取り込まれていき、社会的にも力を持つようになっていく者もいた。

そうした社会状況の中で、一八三六年に「ロンドン労働者協会」が組織され、「成年男子普通選挙権」などを含んだ六つの要求を盛り込んだ議会法案を一八三八年に起草した。その六つの要求は「人民憲章」に取り込まれた。そして労働者組合は全国的規模に拡大した。しかし、組合を担ったのは熟練労働者や有識労働者たちで、低賃金で不安定な下層労働者は組合の枠から外された。労働者階級内部に発生した上下二つの階層の経済的格差は拡大する一方であった。

十九世紀半ばを過ぎると、アメリカ合衆国の五大湖周辺に近代的産業が発達した。その影響でイギリスは不景気になった。多くの労働者が職を失い、都市に貧困があふれるようになった。

ナイチンゲールは一八五一年、パリ在住の従妹ヒラリー・カーターからフランスの実証哲学者オーギュスト・コントの情報を得た。ナイチンゲールにとって労働者の貧困化は重大な問題であったが、その新たな情報は問題をさらに大きくした。

コントは一八四八年に『実証哲学総論』を発表し、「実証主義者協会」をパリに創設していた。コントの影響はイギリスにも伝わり、ロンドンの労働者階級の有識者に及んでいた。

コントの歴史哲学の核になるものは「進化」であった。コントは、キリスト教の歴史に貫かれているものは「進化」ではなく、アダムとイヴの失楽園以来人類が罪の道を歩んできた「堕落」の観念である、と決めつけていた。

コントは「社会静学と社会動学――『実証哲学講義』第四巻より」の中で次のように言っている。

あらゆる有機的欲求が完全に解放され、あらゆる動物的・人間的情念とは無縁の純粋精神の域にまで自らを高めようという神学的法悦の神秘的努力も、実際には誰にでもすぐわかるように、最高の知性の持ち主にあってさえ、神の尊厳についての、本質的に無益でほとんど愚かしい瞑想にいつまでも没入した単なる一種の超越的・白痴的行為の実行に堕してしまったのである[54]。

人間の本能や欲求を徹底的に抑え、精神性の極みに到達しようとするキリスト教信仰は「愚かしい瞑想」の世界への執着であるということになる。コントによると、社会や政治や経済への欲求は人間本来の本能や傾向の発現であって、抑えることはできないものなのである。したがって、社会の中心は経済を支える産業であり、社会の主体は産業に関わる労働者や経営者や資本家などである。

労働者階級の高い知性と教養を持った多数の有識人は、人類進歩の最高段階は実証的精神と産業的精神との合一であるとするコントの「実証的歴史観」と同じ地平に立っていた。彼らは、経済性や合理性だけを追求することによって社会が進化すると信じていた。しかし、それには問題があった。その進化論は残酷な面を持っていたのである。下層労働者は歴史を退行させる存在であり、必然的に淘汰されるべき存在であると決めつけていたのである。

一八五三年、コントの論文の英語訳が出始めた時、ナイチンゲールはハーレイ・ストリートの「病める貴婦人のための療養所」で運営管理者兼看護師長の仕事に励んでいた。労働者階級と交わることを避けるように教育されていた中流階級以上の女性たちは、病気になっても労働者の患者が多い市民病院に行くことは避けた。それでキリスト教慈善団体がそういう女性のために療養所を運営していた（「病める貴婦人のための療養所」については、すでに第一部第二章で論じている）。

ナイチンゲールは、労働者階級がキリスト教信仰や聖書から離れていくのを非常に心配していた。元来貧しいはずの労働者たちが、貧しい人々や病人への思いやりをコントの実証的歴史哲学の影響で失っていくのを危惧していた。労働者階級が産業資本主義の片棒をかつぐように貧困に苦しむ人々を切り捨てていく社会になるのを、最も怖れていたのである。

信仰から導き出された看護の信念

ナイチンゲールは一八四〇年代から一八五〇年代前半まで、上流社会の通念や偏見に苦しめられてきた。その苦しみ抜いた時期に宗教や哲学への認識を深め、自己の確固たる信念を抱くまでになっていた。その信念を一冊の本にしたのが『思索への示唆』（一八六〇年）であった。

ナイチンゲールがその書を出版しようと考えた時、彼女の社会的知名度や注目度は十年前とは比較できないほど高くなっていた。ナイチンゲール家の悩める少女フロレンスは、すでにスクタリ軍事病院のランプを持った慈悲深い白衣の天使として、その名声は国内ばかりでなくアメリカやオーストラリアにまで届いていた。ナイチンゲールは「近代看護の母」として社会的にも高い名声を得ていたのである。

自己を取り巻く状況があまりにも大きく変わってしまったことを認識した彼女は、当初、『思索への示唆』の出版をためらった。彼女はミルンズをはじめ、多くの友人や宗教関係者に出版に関する意見を求めた。戻って来た意見の多くは、確立されてしまったナイチンゲールのイメージを損なってしまうのではないかと案じているといったもので、出版を控えるようにと提言していた。しかし、ナイチンゲール自身は迷いながらも出版を取りやめにすることはできなかった。

結局、親戚や知人に配布する分だけ六部に限定して自費出版することにした。出版された本は、父のウィリアム、翌年一八六一年に『女性の解放』を執筆したジョン・ステュアート・ミル、オックスフォード大学のギリシャ語教授のベンジャミン・ジョウェット、スクタリ軍事病院の衛生調査委員だったジョン・マクニール卿、元恋人のモンクトン・ミルンズ、そして、伯父のサミュエル・スミス、全六名にだけ送られた。

ナイチンゲールは公衆衛生の知識を駆使することによって、看護の改革を推進してきた。イギリス人は誰しも彼女の能力を褒め称えた。しかし、『思索への示唆』にナイチンゲールが書き表したものは、科学者とは正反対の孤独なキリスト者の苦悩と思索の軌跡であった。

彼女自身がナイチンゲール家の中で家族や親族との軋轢《あつれき》に苦しみ抜き、耐え忍びながら、「神」や「神の霊」について考え抜いて、到達した一つの境地が次のように書き表されている。

苦しみや貧しさを耐え忍ぶものが、人間に内在する神の霊であること、それは明らかではないでしょうか。存在の法則に明示されているように、神の霊は正義と知と善、愛と慈しみの霊であるということ以外に、私たちは神の霊について、いったい何を知ることができるでしょうか。あらゆる苦しみや貧しさは、これらの神の属性の反作用であり、否定であり、制限に他ならないのではないでしょうか(55)。

「正義と知と善」そして「愛」と「慈しみ」こそが「神の霊」の顕現であるならば、「苦しみ」や「貧しさ」は「神の霊」を否定するものであり、存在してはならないものなのである、とナイチンゲールは考えた。すなわち、神の望まないものが貧困や苦悩であるとするならば、人間は自己の責任と努力においてそれらを無くすようにしなければならないのである。

十九世紀のイギリスは表向きはキリスト教国ではあったが、社会や家庭の現実から判断して、ナイチンゲールが思い描いていたようなキリスト教の教義からはほど遠いものであった。その社会は、神ではなく国王を頂点にして、貴族階級や大資本家が支配する階級社会であり、それを維持していくに相応しい頑強な社会通念が存在していた。その社会通念のもとでは、巷にあふれる貧しい下層階級の人々は不潔で、醜く、下品で、神に見放された存在であった。中流以上の家庭の紳士、淑女との交わりはあり得ないことであった。

ナイチンゲールにとって、そうした貧しい下層階級の人々を社会から切り捨てることは、神の計画に反するものであった。

ナイチンゲールは『思索への示唆』において次のように書いている。

> 溺れかけている人間が、同じ人間の知恵や優しさによって救われるのを目撃したとき、私たちはだからといって、人間を溺れる危険にさらした存在、すなわち神は善であり得るのかなどと、言ったりはしません。私たちは、神が救助者に愛の業のために溺れた人を救う能力を与えたこと、人間がその能力を発揮することによって、すなわち、「土の器」である人間のうちに現された神の知恵と愛とによって溺れかけた人が救われたことに、神を賛美するのです[56]。

ナイチンゲールが言う「人を救う」という行為は、個人的な憐憫《れんびん》の情から果たされるのではなく、神の愛の業を自らが代わって行うというものであった。神は、一個の微力な「土の器」である人間に対しても、信仰と志のある者には知恵と能力を授けて、救いの業を成し遂げさせてくれる存在である。したがって、引用にあるように、人を救った場合、称えられ感謝されるのは救助者ではなく、救助者に使命と能力を授けた神なのである。その神とは、ナイチンゲールにしたがって言い換えれば、人間の力を超えて働く「愛」であり、「英知」なのである。そして、それらは人の行為をとおして現れるものなのである。

ナイチンゲールは一八五〇年頃、ローマ・カトリックに強く惹かれ、改宗さえ考えたこともあった。しかし、クリミア戦争でカトリック修道女と一緒に働くうちに、修道女たちから「恩寵」

と「贖罪」という教理体系を明確に知ることになった。その教理体系は修道女の生活ばかりでなく精神までも拘束し、自由を奪っていた。ナイチンゲールにとって自由のないキリスト教信仰というのはあり得なかった。クリミア戦争を境にして、彼女はカトリック修道女に対して対立的な意識を抱くようになったのである。

ナイチンゲールが対立したカトリックの「恩寵」と「贖罪」の教理体系というものは、人間を罪深い存在と決めつけ、神の恩寵を求めて悔悛《かいしゅん》して生きることこそが神の求める最も正しい生き方であった。修道女は自己の罪悪を贖《あがな》い主イエス・キリストの許しと救済を求めて祈り、死した後にも最後の審判後に訪れる永遠の至福の時を迎えることができるよう絶え間なく祈り続けた。

ナイチンゲールのキリスト教信仰はカトリック修道女とはまったく異なっていた。彼女は人間の過ちを「罪」とは考えずに、ひとつの「経験」と考えていた。失敗や過ちを経験することによって、完全な善である神すなわち「聖霊」によって高められ、知恵と能力を発揮し、正義を成し遂げることができるというものであった。ナイチンゲールは次のように書いている。

人間は経験によって向上します。神と人間の内にある聖霊とは、悪を善に変えるように常に働いているのです。（中略）正しく解釈された神の支配の主要原理とは何かといえば、人間は知識と進歩と人類に対する正義をやがて成就すること——すなわち、人間は自らの過ちに苦しむが、それは神の怒りのせいではなく、私たちが神と名づける「善と知の霊」が、私たち自らの行ないを通して、私たちの幸福である正義へと導いているからなのです[57]。

ナイチンゲールがキリスト教信仰と神を論じる場合、私たちが絶対に忘れてはならない大前提が存在した。それは、神に命じられた職として全うすべき「看護」であった。

十八歳の時、〈神の召命〉を受けたその時から、神の命に応える最善の道を模索し続けた。そして、ようやくたどり着いた道が「看護」であった。この現実世界から不幸な病人を救済するためには「看護」をおいて他にない、と考えるようになっていたのである。自己の名声欲や権力欲を捨てて、人間の知識と進歩のため、神の「み旨」を信頼して働くことこそが彼女の言う「神の支配の主要原理」であった。「看護」はそれを実現する最善の方法であった。

マイケル・D・カラブリア他によって抜粋され、注解が付された『思索への示唆』の再編集版である『真理の探究――抜粋と注解』（小林章夫監訳、うぶすな書院）冒頭の「解説」（マイケル・D・カラブリア、ジャネット・A・マクレー著）には、一八六〇年までにナイチンゲールがキリスト教信仰の信念から確固たる看護観をを抱くようになった過程が簡潔に要約されて解き明かされている。

ナイチンゲールのキリスト教信仰と近代的看護の形成との関連性を明らかにするには、まずは「解説」に基づき、彼女の近代的看護が生み出されたその要因を考える必要がある。

「解説」ではその要因として、第一に独学によって得られた科学的知識があげられることを強調している。ナイチンゲール家の娘フロレンス時代に、親族ばかりでなく近隣の病人の看護体験を積み、看護の勉強に励んだ。そして、ソールズベリ病院で看護師見習いを計画していることを父母に告げたばかりに、家から自由に出られなくなってしまった。部屋に籠っては郵送されてきたドイツのディーコネス学園の冊子や公衆衛生学の報告書などに読み耽った。さらに父母の反対を押し切って数学や医療統計学の勉強に励んだ。クリミア戦争の軍事病院の実態を明らかにするために、自力で「鶏頭図」を考案し、病死者と負傷者の死亡者数の区別を一目で理解できるようにしたことなどがあげられる。

ナイチンゲールは優れた観察力と発想力から科学的知識を駆使して近代看護を築きあげたのであるが、第二の要因として、その成功の背後に、科学とは相反するキリスト教義と深い信仰心があった。その過程がユニタリアンや国教会各会派との関係から詳しく解説されている

要するに、人間の体と命は神から授かった大切なものではあるが、しかし人間の心と体の健康は神の恣意的な贈り物ではなく、人間が自ら科学的知識を駆使して改善に努力してこそ得られるかけがえのないものなのである。

ナイチンゲールは病院を「神の国」に喩えた。それは十字架上のイエスが、一緒に十字架につけられ、イエスを神の子と認めた罪人に向かって言った「あなたは今日わたしと一緒に楽園にいる」(58)という最期の「ことば」に基づいていた。信仰を持つ者は「今ここに」、「神の国」を築く努力をしなければならない。人間が境遇に従って生活し、行動するように定められている以上、「神

の国」は人間の心の内にだけではなく、良き環境として外に築かれなければならない、と彼女は考えた。すなわち、ナイチンゲールの「神の国」は死後の世界ではなく、「今ここに」存在する現実の世界である。

ナイチンゲールは看護職者にその職の根源にある信念として、病院を「神の国」と喩えたのであるが、そうしたキリスト教信仰によって導き出された看護に対する信念は、世の看護職者にはほとんど浸透しなかったように思える。それは一八七〇年頃から若い看護師たちに宛てられたナイチンゲールの書簡に重ねて主張されたが、結局、時代の波に呑み込まれて、彼女の声は聞こえなくなってしまったかのようである。

若き看護師への提言

両親がイギリス国教会の教会に通う上流社会の家庭で育ち、また、祖母や叔母からキリスト教信者の生き様を教えられたナイチンゲールにとって、教会や聖書は日常の生活の中に組み込まれていた。したがって、それらは、彼女が社会や看護職に関して困難な問題に直面した際、その解決策を模索し、解決するための最も大きな指針となり、道標となっていたのである。

彼女が生涯抱き続けた「自由」と卓越した善悪の判断や妥協を知らぬ行動力は、聖書の中に明確にされているイエス・キリストの生き方そのものに倣ったものであった。

十九世紀イギリス社会とは、ナイチンゲールの父母のように日曜日ごとに教会へ通い、善男善女の仲間入りをし、貧民への同情から社会への慈善奉仕活動にも参加する紳士や貴婦人を装う上流階級の人々が、実生活においては貧民を遠ざけ、信仰薄き人々として貧民を卑下し、公然と差別する陰湿な社会であった。そうした社会や人心に強く根付いた矛盾がそのまま社会通念として存在し、宗教的道義と結びついて、近代的・科学的医療の進歩を阻むというようなことがしばしば生じていたのである。その負の意識の影響を最も大きく受けていたのは、近代的な市民病院の医療であった。

ナイチンゲールの優れたところは、負の意識を払拭して、公衆衛生学や近代医学の進歩による様々な成果を前向きに取り入れ、知識としたことであった。また、医療統計を駆使して病院内感染を防止する病棟の設計をしたこともあった。さらにまた、病院看護および管理の改革を行い、近代的医療に適した看護体制を確立した。そこには優れた科学者ナイチンゲールが存在していた。しかしその功績は、ナイチンゲール自身に言わせるならば、すべて信仰によって力を得てなすことができたということであった。

ナイチンゲールは「神との神秘的合一」こそが、看護の任務を全うする「力の根源」であると説いた。彼女は、科学の時代になって、信頼を失いつつあるものを感じ取っていたのである。それは、人間に本来的に備わっている「自然」の力、すなわち感覚や感性といったものであり、さらには人間の力を凌駕する「神秘性」あるいは「霊性」といったものを感じる能力であった。それらは若い見習い看護師への書簡の中で繰り返し強調されている。

そもそもナイチンゲールにとって神とは、リン・マクドナルドの『実像のナイチンゲール』によると、「善を全うする創造主であり、この世界はすべて神の法則によって統合支配されており、その神の法則は探究することによって発見可能となるもの」であり、「ヘルスケア領域や社会改革へ打ち込んだ仕事のすべては、この神によるお召しから始まって」いるのである。そして、「自然科学でいう法則も社会科学でいう法則も、根源は同一のもの」であり、「どちらの法則も神の業によるものであり、両方とも人間による発見の道は開かれている(59)」のである。

究極的には、人間に科学や知識を探究する自由を与えたのは神であって、その自由を放棄することは神の意思に反する背信行為なのである。「神」や信仰の入り込む余地のない社会は、ナイチンゲールにとって考えられなかったのである。

したがってナイチンゲールは、神を否定するコントの実証的歴史哲学を拒絶し、世界最初の女医ブラックウェルの「ロンドン女子医学校」設立への協力や、社会民主主義者ジョン・ステュアート・ミルの婦人参政権運動の協力要請などには消極的であった。

病人の看護には病気の治癒ばかりでなく、病人自身が自然の治癒力を強めるよう力づけることや、感染症の予防に注意を払うことも含まれる、と彼女は確信していた。彼女は一八九三年に発表した論文「病人の看護と健康を守る看護(60)」において、看護に絶対欠かせないものとして「仕事における三重の関心」すなわち、症例への「知的関心」、患者への「心のこもった関心」、介護や治療への「技術的関心」をあげている。科学的合理性や高度な知識と同時に、信仰によって導かれる「心のこもった」謙虚な、患者を支える姿勢を要求したのである。

ナイチンゲールにとって、いかなる人も、たとえ社会で必要ない人であっても、切り捨てられてはならなかった。何故なら、どんな人であっても、その身体は聖なる心の〈器〉[61]として神から授かった大切なものであるからである。

ナイチンゲールは、労働者階級の有識者が無神論者になる傾向にあり、信仰心が失われていることを懸念した。『思索への示唆』において、労働者に向けて、彼女は次のように危惧の念を表明した。

イングランドにおいては、とりわけ北部の工業都市において顕著なのですが、教育を受けた労働者の大半が、無神論か、少なくとも人格神論寄りに信条を移しており、何らかの礼拝所に通っている人は、百人中二人もいません。また、道徳心や知性の高い人々は、まず例外なく「不信仰者」です。わが国の労働者の中でも最も良心的な人々が今行っていることは、宗教的真理を表明することではなく、宗教的過誤を放棄することであるかに見えます。つまり、光を追い求めるのではなく、闇を捨て去っているかに見えるのです。（中略）彼らが懸命に求めている糧の最良の要素、すなわち混乱を秩序に変え、最も低いものを最も高いものに変えるという、この上なく神聖な要素を、掬い残してしまっています。[62]

その引用からは、ナイチンゲールが労働者に対して教会へ行くことを勧めているだけのように取れるかもしれない。しかし、そこに秘められている意味は、科学的知識や知性だけで世の真理を解き明かそうとする傾向への批判でもある。科学的な合理性や知識によって経済を良くし、理想的な社会の実現を目指すことができると考える方向には、信仰は無益な錯誤であり、立ち入る隙は存在しない。しかしそれでは、看護において最も根源的な問題が除外されてしまう。人間を神からの授かりものとして病人一人ひとりを大切にし、病気と謙虚に向き合う心すなわち「闇」を「光」に変えようとする努力は、無に帰してしまうのである。

ただし、ナイチンゲールの看護は、謙虚に向き合うということを、ただ単に病人に付き添い、世話をすることであると単純に理解することはできない。信仰心を強調してはいるが、クリミア戦争以後、彼女が最も嫌ったのは、看護修道女たちの看護のあり方であったのである。信仰に導かれる彼女たちは、神によって望まれる行為を常に求めていて、傷病兵のそばに付き添い、魂の穏やかなることを祈る。修道女の大多数は、そうすることだけが自分たちに賦与された最大の使命であり、それが看護だと思っていた。当然のことながら、合理的な看護体制の確立を目指すナイチンゲールにしてみれば、それは不適格であった。

ナイチンゲールはクリミア戦争で、看護修道女には修道者に特有の人格が存在することに気付いた。修道女には他の人々の努力や苦労に対する理解や関心が欠けており、修道院長や統括者の考え方にのみ導かれて働く心の狭量さが存在していたのである。そして、自己主張をした場合には部屋に籠って神の前で自らを卑しめて罪の許しを願って祈った。そのような修道女では、軍事病院や大型化する市民総合病院で、看護協働体制下の一人として機能を果たすことができない。傷病兵の衛生環境を整え、症状の記録を残すようなことはできないであろうし、ましていわんや看護体制の合理的な改善に寄与することなどできるはずがない。

ナイチンゲールにとって看護とは、近代的な科学的知識に裏打ちされた感性豊かな宗教的行為であったと考えられる。

看護師は第一に病棟の衛生環境を改善し、患者が飲酒や享楽に走らないよう健全な生活へと導かねばならない。そして、患者に生への希望を与え、生きる意志を強く抱かせる。すなわち、外的環境の改善をすることによって、患者を健康な生活の回復へと導いていく、それこそがまさに神が看護師に求めている生き方である、とナイチンゲールは確信していたのである。

ナイチンゲールは「思索への示唆 ㈢カサンドラ」において次のように書いている。

　イエス・キリストは女性を憐れまれてたんなる奴隷、たんなる男性の情熱の僕としての地位から引き上げて主の僕とされたのです。主は女性に倫理的活動性を与えてくださいました。さらに、この時代、この世界、私たち人類は女性たちにこの倫理的積極性を実践する種々な手段を与えなければなりませんし、知性をさらに高めたり、活動の領域を拡げたりしなければなりません。[63]

ナイチンゲールは、女性にしか持てない感性とは、すでに第一部の「キリスト教信仰をめぐる葛藤」で論じたように「優しさ」や「憐れみ」であり、それを発揮することによって優れた「倫理的活動」をすることができる、と確信していた。彼女はスクタリの軍事病院で次々に死んでいく傷病兵を見て、その多くが肉体的苦痛もさることながら、精神的な無力感や失望感などに打ちひしがれて積極的に死を受け入れようとするのに気付いた。そのような傷病兵の心の支えとなり、回復への力となることができるのは、感性に富む女性をおいて他にいなかったのである。看護は女性の感性を生かすに最適な仕事であった。そして、そうした看護をするには、病人の精神的支えとなり、身体の健康を守ってやれるだけの高い知性や科学的な知識も必要であった。そうした認識がナイチンゲール看護師訓練学校創設の基盤となったのである。

ナイチンゲール看護師訓練学校創設の精神とその危機

一八六〇年、ナイチンゲールは聖トマス病院に看護師訓練学校を創設した。しかし、クリミアのバラクラヴァで感染した、断続的に襲ってくる回帰性の熱病に苦しめられ続けていた。体調が思うようにならない状況の中で、看護訓練生を臨床指導してくれる専門医師を探さねばならなかった。

不幸なことに、聖トマス病院には看護職を「家政婦」の仕事と同等に見なす医師が多く、協力する医師はごくわずかしかいなかった。結局、ロンドン市内の市民病院の医師を含めて、内科医師三名と外科医師二名が協力してくれることになった。

ナイチンゲールは学則やもろもろの規定を作成した。また、訓練学校の運営方法などの策定に積極的に関与し、訓練学校の下地づくりをした。しかし、彼女は学校長にはならなかった。実際、回帰性の熱病が発症し、ベッドから出ることができないことが多かったからであろう。

学校の総監督に聖トマス病院の看護師長サラ・ウォードローパー夫人を任命し、病棟での臨床指導には聖トマス病院の常任外科医師ホイットフィールドの協力を得た。ホイットフィールド医師は主に臨床講義を担当し、また病状の説明や臨床記録の仕方などの指導をした。

訓練生は聖トマス病院内の学寮（ホーム）に入り、常に茶色の制服に白いエプロンを纏い、白いキャップを被った。食事などを含む寮費や制服などの洗濯代は「ナイチンゲール基金」から賄われた。また、入学の年齢要件は開学当初二十三歳以上であった。

注目すべき点は、ナイチンゲールが、スクタリ軍事病院で付き添いや雑役や洗濯などの仕事を看護師の仕事から省いたが、その実績が訓練学校の制度のうえにも生かされたことである。看護師は「家政婦」であってはならない。看護職者としての誇りを訓練生に持たせようとしたのである。

授業は、聖トマス病院の医師や看護師長による講義が毎日あり、週一回、教会の牧師による聖書の講義があった。科学的知識や看護技術ばかりでなく、聖書に基づいてキリストに倣う慈善奉仕の精神も教えられた。

病棟では、訓練生は見習い看護師として外科医などから臨床指導と症状の説明を受け、臨床記録に至るまで細かな指導を受けた。

学寮においては、学寮長の管理の下、厳粛な生活態度などが求められ、日課の整理や自習に励んだ。ウォードローパー夫人は訓練生のこうした学寮での指導をも任された。夫人の仕事はそれだけではなかった。聖書の話から講師への礼儀作法や訓練生自身の保健に至るまで指導し、さらに毎月、性格および学業成績に関する報告書をナイチンゲールに提出しなければならなかった。

一年間の課程を終えると試験と面接があり、合格した者のみが「有資格看護師」として聖トマス病院に登録された。その後、一年間の病院勤務が課せられた。そして、全課程を終えた修了生は、ナイチンゲールによってイギリス国内の市民病院や軍事病院などの看護師や看護師長に任命された。

看護職は、クリミア戦争以降ナイチンゲールの名声の高まりによって、女性に適した職業として社会的に幅広く認知されるようになっていて、中流階級以上の家庭からもナイチンゲール看護師訓練学校へ志願してきた。彼女たちは、子供の頃から各宗派の教会学校へ通っていたり、家庭教師について淑女になるための教養をしっかりと身につけていたりした。しかも、彼女たちには聖書や教会は身近な存在であった。

しかし、時が経つにつれ、看護職を目指す女性の数は中流階級よりも労働者階級の出身者の方が増えて、やがて圧倒的に多くなった。ナイチンゲールは、これら労働者階級の女性がキリスト教信仰から疎遠になっていることに危機感を抱くようになっていた。

当時、労働者階級は一部の有識者の家庭の女子を除いて、多くの女子は教育を受ける機会を与えられていなかった。それで女子の文盲率が非常に高く、一八五〇年頃は五〇％近くの女子が文盲であったとされている。増え続ける労働者階級の女子の就く仕事は必然的に極めて限られており、多くが家政婦や縫子などの社会の底辺の仕事であった。

一八七〇年になってようやく「教育法」が成立して、八歳から十三歳までの労働者の子女が公立学校で初等教育を受けることができるようになった。しかし、そこでなされた教育は実社会で生きていくのに不自由がないように、読み書き計算が中心であった。宗教は除外され、聖書に基づく歴史観や道徳は公的に教育されることはなかった。しかも、労働者階級には社会主義が浸透し、宗教はないがしろにされる傾向が強まった。

初等教育を終えただけの女子にとって、看護職はこの上ない職業であったに違いない。かつて家政婦と違わない仕事として見なされていた看護が、大きな病院できちんとしたユニフォームを纏い、医者について患者の世話をする姿に魅せられた女子の憧れの職業になったのである。

しかも、十九世紀中頃から後半にかけて、市民病院の大型化に伴って看護師の需要は増え続け、社会主義化する労働者階級の一翼を看護職者たちも担うようになっていった。

ナイチンゲールにとって、そうした傾向は非常に危惧するところであった。彼女にとって看護の発端であり指標となっていたものは、キリスト教信仰によって培われた「人格」であったが、すでにその土壌は失われつつあった。看護師育成の指標となっていたものは聖書であり、キリストに倣う信仰心であったが、増大する労働者階級はそうした指標を無意味なものにしていた。看護は女性が賃金を得て生活を維持するための一つの職業と見なされていたのである。

全国的に看護師志望者は増えていながら、対照的にナイチンゲール看護師訓練学校への志願者の数は減少する傾向にあった。すなわち、看護職志望者の多くが、正規の看護師訓練を受け、その精神を学ぶことよりも、ユニフォームを纏う賃金労働者となって経済的安定性だけを望んでいたとも言えるであろう。

ナイチンゲールは、新たに看護師訓練学校に入学し、全課程を終えて市民病院で働く若い看護師には、賃金のためではなく、いつまでも変わることなく自分と同じ地平に立って、共通の世界を共有してほしいと願い、自己の方針を強固に貫いたのである。

ナイチンゲールが共有してほしいと願っていたその思想の核心は、繰り返しになるがキリスト教信仰であり、聖書の「ことば」であった。

その核心となった「ことば」は大体二つの節に集約され、言い表されていると考える。その一つの節は『ルカによる福音』第九章の一節である。

わたしについて来たい者は、自分を捨て、日々、自分の十字架を背負って、わたしに従いな

さい。自分の命を救いたいと思う者は、それを失うが、わたしのために命を失う者は、それを救うのである。(64)

あと一つは、使徒パウロの『ガラテヤの信徒への手紙』第五章の一節である。

あなたがたは、自由を得るために召し出されたのです。ただ、この自由を、肉に罪を犯させる機会とせずに、愛によって互いに仕えなさい。律法全体は、「隣人を自分のように愛しなさい」という一句によって全うされるからです。(65)

常に神にのみ目を向け、神にのみ従うことによって、金銭や権力に左右されることなく正しく判断でき、生きることができる。そして、社会通念や偏見に捉われることなく信念を持って生き、隣人を愛する。ナイチンゲールにとっての律法とは、まさに聖書が示す神に従う「自由」と「愛」であった。人に従う者は権力に追従したり派閥をつくったりして自由を失うのである。ナイチンゲールの生き方を支えたのはケンピスの『キリストにならいて』であった。その書の中に次のような一節がある。

たとえ聖書のすべてを外面的に知り、哲学者の言っていたことを知るとしても、神の愛と恵みとがなければ、その全てに何の益があろう。神を愛し、それだけに仕えること、それ以外は、空の空、すべてが空である[66]。

イギリスに限ったことではなかったかもしれないが、人間は社会的因襲や固定観念に支配され、それを打ち破ることは至難の業であった。看護に対する偏見もそうであった。

ナイチンゲールは、部屋を出ることもままならぬ失望の時代を過ごしていた一八四〇年代と五〇年代初頭にかけて、ケンピスの『キリストにならいて』に励まされていた。この書に支えられて、家族や社会的因襲の抑圧を受けながらも、必死に耐えながら、看護への希望と情熱を抱き続けることができたのである。ケンピスの説くところでは、キリストに倣って生きるということは、すべての者が神の愛のもとに存在し、社会の権力者や社会通念のような固定観念に従うのではなく、イエス・キリストの「行い」と「ことば」にのみ従って生きるということで等しく恵みを受けることができるというものである。

病床の中から

ナイチンゲールがクリミア半島のバラクラヴァで感染した回帰性の熱病ブルセラ症は、一八六〇年代から一八八〇年代にかけて彼女を襲い、一定の周期で発症する脊髄炎と高熱に苦しめられ続けた。訓練生を前にして直接指導できる状態ではなかった。聖トマス病院に近いサウス・ストリートに部屋を借りて、その中にベッドとその脇に小さな机を置いた。回帰性の発熱が途切れた合間に、訓練生や見習い看護師に宛てて書簡を書いた。その書簡は聖トマス病院がロンドン橋南岸からウォータールー鉄道駅の近くへ移転した一八七二年から書かれ始めた。

書簡の注目すべき点は、書簡のすべてに一貫して聖書の「ことば」が引用され、看護のあり方や心構えが解き明かされていることである。

一八七二年の最初の書簡の冒頭に次のように書かれている。

自分のことを「私はいまや『完全』なそして『熟練』した看護婦であって、学ぶべきことはすべて学び終えた」と思っているような女性は、《看護婦とは何か》をまったく理解していない人であり、また《これからも》絶対に理解することはないでしょう。彼女はすでに退歩して《しまって》いるのです。

うぬぼれと看護とが、ひとりの人間の中に同居することはできません。それは真新しい布ぎれで古い着物につぎ当てができないのと同じことです。(67)

この書き出し最後の「つぎ当て」の喩えは新約聖書に基づいている。それは『マタイの福音書』第九章からの引用であるが、そこには次のように書かれている。

イエスは言われた。花婿が一緒にいる間、婚礼の客は悲しむことはできるだろうか。しかし、花婿が奪い取られる時が来る。そのとき、彼らは断食することになる。だれも、織りたての布から布きれを取って、古い服に継ぎ当てたりはしない。新しい布切れが服を引き裂き、破れはいっそうひどくなるからだ[68]。

この聖書の箇所を解釈すれば、「花婿」とは救い主イエス・キリストと考えることができる。「花婿が奪い取られる」は主イエスの受難と十字架上の死を意味している。

四旬節には、イエスの受難と死を偲んで、キリスト教信者は断食をする。そして、それは来年も来る年もキリスト教信者によって思い起こされ、繰り返される。その繰り返される記念の儀式こそがカトリックのミサであり信仰の証しである。これを怠って他のもので信仰を証ししようとしても不可能なのである。すなわち、キリスト教信者は主イエス・キリストの受難と死と復活を思い起こすことから離れて、信仰を他のもので補うことはできないのである。

ナイチンゲールがこの箇所を看護師のあり方を説く書簡の冒頭に引用したのは、看護の根幹にキリスト教信仰があることを示したと考えることができる。

ナイチンゲールに言わせると、看護は一つの道であり、看護師とは絶え間なく学び続ける存在であり、その学びには限界がない。そして、看護師に希望があるとすれば、その絶え間ない学びそのもののうちにのみ希望は存在するのである。資格を得たからといって、自己を「完全」だと思うことは「うぬぼれ」であり、道に外れているのである。
ナイチンゲールは、さらに看護について、書簡の中で、『マタイによる福音書』第七章の「わたしのこれらの言葉を聞いて行う者は皆、岩の上に自分の家を建てた賢い人に似ている」(69)に基づいて、次のように書いている。

〔看護の〕ような仕事にあっては、すべての人たちから賞讃を浴びる時こそ、一番危険な時なのです。その時こそ「主キリストに根ざし彼に土台を据えている」かどうか、キリストが私たち看護婦にいるように、また、キリストが神にあって世を救うための働き人であられたと同じように、私たちが看護しているかどうか、を確かめなくてはなりません。「われは主のものなりや否や」と問うてみるのです。(70)

ナイチンゲールが書いている「すべての人たちから賞讃を浴びる時」とは、世の評判を得たり、上司の気に入るような業績をあげたりすることを意味している。そして小手先の技術やマニュアルを習得して完璧と思うようなことがあると、看護師として非常に「危険な時」である。キリストは世の人を救うために神によって遣わされ、すべてを捧げた。看護師もキリストに倣って、いわゆる上司や評判のためではなく患者にとって何を為すべきか、を第一に考えて看護する、その姿勢が「キリストに根ざし彼に土台を据える」ということである。

以上、ほんのいくつかの例にすぎないが、ナイチンゲールはサウス・ストリートの部屋から、聖書の箇所を直接引用したり、喩えたりしながら、繰り返し、繰り返し、見習い看護師に対して看護師としての道を説き、発信し続けたのである。

こうした書簡は一八七二年から一九〇〇年までの約三十年間、合計十四通送り続けられた。

一八七二年、ナイチンゲール看護師訓練学校の再出発

一八七〇年頃のナイチンゲールは、ブルセラ症に苦しみながらも、「イギリス赤十字援護協会」の仕事に深く関わっていた。本人は戦場に赴くことはできなかったが、プロイセン（ドイツ）・フランス戦争に対するナイチンゲールの発言や助言は共感を呼び、広報や資金集めに貢献していた。また、サザランド博士の協力を得て、赤十字の活動に関わる医師たちと文通をしたり、報告を受けたりしていた。

ナイチンゲールは赤十字の支援をする一方、聖トマス病院の移転候補地探しに奔走していた。そして、ロンドンブリッジ南岸側のサリー・ガーデンから、現在のウォータールー鉄道駅に隣接し、国会議事堂を対岸に望む場所に移転地を決めた。

ナイチンゲールの脳裏にはクリミア戦争以降、戦争の傷病兵の悲惨な姿が絶えずつきまとっていた。軍港のあったポーツマスを結ぶ鉄道の終着駅ウォータールーの近くであれば、傷病兵の収

容が迅速にできると考えていた。

一八七一年、ようやく新しい聖トマス病院が完成した。病院の規模が大型化し、病棟と病床数は大幅に増え、診療科目も充実した。ナイチンゲールは新しくなった病院で看護師訓練学校の改革に乗り出した。

改革に着手したことにはそれなりの理由があった。ナイチンゲールの有力な支援者だったホイットフィールド医師と、彼女が最も信頼していたウォードローパー夫人に問題が起きていたのである。

まずはホイットフィールド医師であるが、以前から彼の教育的職務への怠慢が目立つようになっていた。ナイチンゲールの耳には見習い看護師からの不満が入って来るようになっていた。ナイチンゲールの看護教育のスキーム全体に対して彼は批判的になって、不満を露わにするようになっていた。特に症例の記録を看護日誌に取り入れることをめぐって露骨に反対するようになっていたのである。

ナイチンゲールは見習い看護師が症例を詳しく記述できるようになることを非常に重要視していたが、ホイットフィールド医師は患者の疾患の説明は厭わなかったものの、症例を詳しく記録するのは看護師には不要と考えていた。ナイチンゲールの要請に対してあからさまに反論するようになり、他の講義までも勝手にやめてしまったのである。

ナイチンゲールはホイットフィールド医師を一八七三年に解任した。そして、後任としてジョン・クロフト外科医師が就任した。彼はナイチンゲールの忠実な同志として職務を果たすことを心がけた。

彼は見習い看護師たちにナイチンゲールの要望を取り入れて臨床講義をし、数学期にわたって一般医学や外科などの講義を行った。また、学生のレポートなどの評価は必ずナイチンゲールに報告した。年間の教授項目も彼女に検討してもらっていた。

それだけではなかった。他の件でもナイチンゲールの要請を聞き入れ、忠実に遂行した。彼は見習い看護師の書いた症例の記録を自ら目を通した後、すべてナイチンゲールのもとに送ったのである。

その他にクロフト医師は、「殺菌剤と滅菌薬」の講義の内容を見習い看護師に印刷して配布した。リン・マクドナルドの『実像のナイチンゲール』によると、その講義には「細菌説についての初歩的な解説[71]」があったということである。

一八六五年、エディンバラ大学の外科医リスターが、腐敗を惹き起こす原因は臭いや気体の成分ではなく、空気中に浮遊する「種細胞」であることを明らかにしていた（「種細胞」については、本書第二部第四章「十九世紀グラスゴー王立病院の医療革新の歴史」の項で論じている）。それ以後、ナイチンゲールの「瘴気説」を主体にした保健衛生論は若干揺さぶられることになった。

リスターの滅菌薬や殺菌剤の効用が、医学界では外科の手術や治療に注目を集めるようになっていた。ナイチンゲールもそうした医学事情は察知しており、クロフトの講義の中に取り入れることを認めたが、結局、クロフトは、その講義解説の末尾に、「消毒薬を用いたからといって、換気および新鮮な空気や清潔などのケアを寸分も怠ってはならない」(72)と付け加え、強調しなければならなかった。

消毒薬による滅菌と換気による新鮮な空気との結びつきがあるようには思えないが、ナイチンゲールは看護師の仕事の領域を見習い看護師に対して明確にするために、クロフト医師に講義解説の末尾に付け加えてもらったのではないかと考えられる。ナイチンゲールは手術後の患者をケアする臨床看護には消毒や滅菌は大切であるが、換気によって部屋の清潔を保つことによって自然の力で治癒することの方が、それ以上に大切であると確信していたのである。

ナイチンゲールの弟子たち

一八七三年、ナイチンゲールは見習い看護師に向けて、看護職を目指す者は、イエス・キリストに倣って患者と向き合わなければ、精神性は失われ、機械的にこなすだけの仕事になってしまうと説いた。ナイチンゲール看護師訓練学校は知識を獲得する場であると同時に人格を高め、良い習慣を身につけ、知力修練を積む場でもあった。

学寮の寮監に副校長の職位を与え、ホーム・シスターと称して、道徳的、霊的感化力を強化した。また、ウェストミンスター大寺院に隣接する白亜の聖マーガレット教会に、訓練生のための特別席が設けられたということである。

ナイチンゲール看護師訓練学校出身の看護師は、いかなる病院に赴任しようとも常に自己の人格を磨き、高い品格と謙虚さを保ち続けねばならなかった。また、赴任した病院で新しく採用された看護師の教育、育成に励まねばならなかった。

ナイチンゲールが看護師を送った大病院は、十九世紀に台頭した労働者階級の激増に合わせて病棟を拡張したウェストミンスター病院、聖メアリー病院、リヴァプール・ブラウンローヒル救貧院病院、エディンバラ王立病院、グラスゴー王立病院、ダンディー王立病院、ハイゲート病院、ソールズベリ病院、リーズ病院など、貧しい病人を積極的に受け入れた都市の総合病院や救貧院病院であった。その中でも特に注目されたのはエディンバラ王立病院である。その病院に設立された看護師訓練学校は優れた看護師育成を実施していたとされている。

ナイチンゲールは学校に直接携わってはいなかったが、優れた修了生には病院への任命後もいつまでも目にとめて手紙で細かなアドバイスを送った。その修了生とは、リヴァプール・ブラウンローヒル救貧院病院に一八六四年に赴任し、生涯を献げたアグネス・ジョーンズ、オーストラリアのシドニー病院から一八八四年にロンドンに戻ってきて貧しい地域の地域看護に尽くしたルーシイ・オズバーン、グラスゴー王立病院で新しい看護師訓練学校を一八九一年に創設したレベッカ・ストロング、一八七三年から長年エディンバラ王立病院の看護師長として看護師育成の実績を残したアンジェリーク・プリングル、一八七六年に赴任したパディントンの聖メアリー病院で看護体制の改革を行ったレイチェル・ウィリアムズ、一八八四年にアメリカ合衆国へ渡り、ブロックリー病院と呼ばれたフィラデルフィア総合病院の病院管理長になって病院内に看護学校を設立したアリス・フィッシャーなどであり、彼女たちはイギリス国内ばかりでなく海外の病院でも「ナイチンゲールの弟子」と称されるに相応しい活躍をしていた。

弟子の中でも、ナイチンゲールが特別に深い愛情を込めて手紙を書き、見守っていたのはアンジェリーク・プリングルとレイチェル・ウィリアムズであった。この二名には、ナイチンゲールがその内面に抱き続けていた相反する二つの性格がそれぞれに反映されていたように思える。その二つとは、一つは看護を、高度な知識を生かして科学的、合理的に捉えるのであるが、その反対の他の一つとは、人間の存在を、本来的に非合理な思いやりなどの感性から看護をするというものである。

ナイチンゲールはプリングルの信仰深さと気品の高さを称えて「高価な真珠」あるいは単に「真珠」という愛称で呼んだ。また、ウィリアムズには女王のような品格を感じて、最初「女神」と称したが、実のところややそそっかしく、子供っぽい感情の起伏が見受けられたので「女神の赤ん坊」に訂正して呼んだ。

二人とも利口で互いに親しい友達であったらしいが、性格的にはまったく対照的であった。ナイチンゲールはその対照的な性格の持ち主二人が同じ職場に勤務することに非常に大きな関心を抱いていた。プリングルは病棟に入ると修道女のように振る舞ったとされている。すべてを神に委ねるかのように我を捨てて患者の看病に励んだ。ある意味では看護師の理想像でもあった。

それとは対照的に、ウィリアムズはプリングルの看護のあり方に批判的であった。彼女は、修道女のようなプリングルを見ては、医学の進歩に相応しい看護を目指し、改革していこうとする意欲に欠けており、理想なんて言葉とは無縁な存在ではないかと疑い、落胆さえしていた。

また、プリングル自身も、ウィリアムズとは看護のあり方ばかりでなく看護師教育についても考えが合わないことを熟知しており、看護師長の座さえもウィリアムズに譲ろうと考えるようになっていたようである。その二人の不協和音を察知したナイチンゲールは、改革意欲に燃えるウィリアムズを別の病院へ異動させることを考えた。

一八七六年、ウィリアムズはパディントン駅近くの聖メアリー病院の看護師長に任命された。彼女は着任するとすぐに、当病院に従来からあった「一級看護師」と「二級アシスタント看護師」の制度を排して、「スタッフ看護師」と「見習い看護師」とに分けた。そして、それぞれに給料の差をつけた。さらに、当病院の看護師がほとんどまともな看護訓練を受けていないことに気付いた。医療知識の低さにも衝撃を受け、知識と看護師としての精神の高揚を狙って、ニューカッスル熱病病院の看護師長アリス・フィッシャーと協同して『病院看護の心得』という看護マニュアルを出版した。

ザーチャリー・コウプの『フロレンス・ナイチンゲールの六人の弟子たち』[73]によると、その『病院看護の心得』は看護のマニュアルとしては最も古いもので、その中には初歩的な解剖学や生理学が含まれており、さらに様々な種類の病気の説明やそれに対する看護の方法などを簡潔に扱っていたということである。その看護マニュアルがなければ、当時初めて看護職に就いたばかりの看護師は、それまで聞いたことのない話を聞くことになり、また、初めて病棟に出て三十分も経たないうちに、名前も用途も知らない薬剤や医療具などを医師や患者に与えるよう指示され、困惑することになったかもしれない。

要するに、当時、新人看護師に看護の実習経験が無いということはもとより、医療に使われる器具や備品にすら無知な女性が何の訓練も受けることなく、多く病院の看護師として働いていたというのが事実であった。麻酔が使われ、手術が盛んに行われるようになっていた一八七八年でも、看護師のレベルは非常に低く、単に病人の身の回りの世話をする存在としか一般に認められていなかったのが現実であった。

ウィリアムズは以上のように病院看護や看護師教育の改革に積極的ではあったが、一方、ナイチンゲールに対しては、若い看護師の程度の悪さやクリスマスにも仕事を休めないなどという不満を手紙に連ねていた。さらに不満はそれだけではなかったらしく、報酬のよい病院へ移りたいなどという願望まで手紙で書いて、ナイチンゲールに意見を求めたこともあったらしい。

ナイチンゲールは若い看護師から寄せられてくる不満や願望に対しては細やかに返信して、アドバイスを送っていたようであるが、ウィリアムズの報酬の不満に関してはさすがに返事を書かなかったということである。ウィリアムズは優れた看護師であったかもしれないが、ナイチンゲールにとっては、いつまでも駄々をこねるわがままな「赤ん坊」のように思えていたに違いない。「女神の赤ん坊」と呼ぶようになったのも理解できる。

一方、ナイチンゲールは、信仰深く慎み深いプリングルを熱愛し続け、彼女をロンドンに呼び戻して、ナイチンゲール看護師訓練学校長の後継者になってもらうことさえ考えた。しかし、プリングルはナイチンゲールの申し出を断って、カトリックの修道女になり、病院看護を捨てて、貧しい病人への慈善奉仕活動に専念するようになったのである。

ナイチンゲールはプリングルの看護職からの離脱に大きな衝撃を受けたが、イエス・キリストの行いに倣い、貧しい病人のために行動するプリングルを引き留めることはできなかった。

第三章　アイルランド大飢饉とリヴァプール

何故、リヴァプールに地域看護が生まれたのか？

イギリスにおいて、リヴァプールは特異な歴史を持つ都市である。何故ならばリヴァプールは、イギリスと最も近い国でありながら最も遠い国と言われていたアイルランドと最も深い関係を持ち続けていて、アイルランド人民を受け入れ、彼らが住んだ貧民街が疫病蔓延の元凶となりながらも排除することなく、むしろ救済に努力したイギリスで唯一の都市だったからである。

ナイチンゲールの最良の仲間として保健衛生のサザランド博士、政治家のシドニー・ハーバート、公衆衛生のエドウィン・チャドウィック、医療統計のウィリアム・ファーなどがあげられるが、リヴァプールで地域看護を確立したウィリアム・ラスボーンの存在は格別であった。

リヴァプールは十七世紀頃、小さな港町であったが、産業革命以後、十九世紀に入ると南北アメリカ大陸への貿易航路の拠点として、また奴隷商人の拠点として発展を遂げた。十九世紀中頃には巨大なドックが次々に建造され、造船と貿易で、ロンドンに次ぐ大都市にまで発展した。ランカシャーからの鉄鋼製品や綿製品、ヨークシャーからの羊毛織物、ミッドランド地方の貴金属製品などがリヴァプールを経由してアメリカ大陸へ輸出された。また、リヴァプールへは、アメリカ合衆国南部から生綿、オーストラリアから生羊毛、北アメリカ大陸から材木などが陸揚げされた。

一八四六年に「穀物法」が撤廃され、穀物の自由貿易が始まると、ロシアから大量の穀物がリヴァプールに陸揚げされるようになった。また、南アメリカ大陸やアフリカ大陸から入ってくる香辛料、嗜好品、食材がリヴァプールの街にあふれ、様々な肌の色の人々が街を行き交った。

リヴァプールが貿易港として発展していくにつれて、アイルランドから人々が集まってきた。海岸線に居並ぶドックで働く港湾労働者や新天地アメリカ合衆国への渡航に失敗した残留移住者が増え続けたのである。ドックの周辺には貧しい日雇い労務者の街が広がっていった。結局、リヴァプールは多くの貧民を抱えるようになり、貧民対策に苦慮する都市になっていったのである。

日当たりの悪い袋小路の共同住宅に生活する最下層貧民の数は、一八四七年には五万五〇〇〇人を超えていた。それ以後もアメリカ合衆国への渡航をあきらめたアイルランド人が増え続けて、貧民街はさらに拡大していった。

人口の過密によって、公衆衛生は最悪の状態に陥った。「発疹チフス」や「赤痢」などの疫病がリヴァプール市全体に蔓延し、一八四八年には年間病死者の数が一万七〇〇〇人を超えたということである。政府は「リヴァプール医療救済委員会」を組織し、保健衛生医師制度を設け、それを中心に救済に乗り出した。

そうした状況の中で最初に慈善奉仕団体をつくり、貧しい人々の救済を始めたのはプロテスタントの一派のクェーカー教徒であった。

一八二九年、クェーカー教徒のジョシュア・ホーンビーは、リヴァプールに、貧しい家庭を訪問して病人の看護をする救済拠点づくりをした。その後、貧民の病人を訪問する看護はホーンビーから、同じくクェーカー教徒であり、歴代の有力者の血を受け継ぐウィリアム・ラスボーンに継承された。

ラスボーンは貧民街を十八に地区割りして、各地区に友愛巡回員を割り当てた。この巡回員からの報告によって、ラスボーンは救貧院と救貧院病院を拡充する一方、貧しい病人の家庭へ出向いて看護する地域看護の制度化を考えた。彼はリヴァプール王立病院（口絵5頁参照）に看護師宿舎を寄贈し、ナイチンゲールに看護師の育成について相談した。

一八六二年、ラスボーンはナイチンゲールのアドバイスを受けて、リヴァプール王立病院の看護師宿舎に「地域看護師育成課程」を開設した。そして一年半して、十八の地区に正規の課程を終えた地域看護師が配置された。こうして、リヴァプールにおいて、イギリスで初めて地域看護の看護職者が生まれたのである。ちなみに、地域看護職の制度化は他の産業都市ではまったく考えられていなかった。

では何故、地域看護はリヴァプールにだけ生まれたのであろうか？

これにはリヴァプール独特の理由が二つ考えられる。

その一つに、貧民街が広い上に人口が多すぎたことがあげられる。ライムストリートから西南に広がる広大な地域の人口は、十九世紀中頃過ぎにすでに十万人を超えていた。しかも、その地域住民の中には、アイルランド語は話すが英語は話すことができず、英語圏での生活が困難な人々が多くいたのである。

保健衛生局が都市の整備計画を立てても、実際に、他の地域に居住地を確保し、その地域の全住民を移転させる土地に余裕はなかった。結局、本格的な都市整備計画が立てられることなく、貧民街は残されてしまった。しかも、アイルランドから移住してきた貧民は先住の市民や正規の港湾労働者との間に一線を画し続けていた。

アイルランド本国において、アイルランド小作農民は土地持ちのイギリス人とは離れた所に、アイルランド語を話すアイルランド人だけの「クラハン」と呼ばれる集落を形成し、イギリス人とはほとんど交わることがない生活を送っていた。そうしたアイルランドの分離社会構造に近い社会がリヴァプールにもできていたと考えられる。保健衛生局は十万人を超える貧民から、アイルランド人の生活習慣と言語の問題を無視して住み処を奪って移転させることはできなかった。

また、他の一つの理由に、リヴァプールの有力者がイギリス国教会派ではなくクェーカー教徒やカトリック教徒であったということがあげられる。祈りや説教よりも行動を旨としていたクェーカー教徒は大飢饉のアイルランドの地に赴き、戸外救済活動を展開していた。彼らは飢餓や病気で苦しむ貧民の近くまで出かけて行き、路上に臨時の台所をつくり、集まった人々にスープを配布して、直接に救済の手を差し伸べた。その直接的な救済方法がラスボーンの地域看護に受け継がれたと考えられる。

アイルランドのジャガイモ大飢饉

アイルランドは大飢饉の最中、多くの移住者がアメリカ合衆国に渡り、合衆国の歴史にも影響を及ぼしたことは一般によく知られるところである。しかし、何故アイルランドにジャガイモの大飢饉が起こったか、また、その実態はどうであったかはほとんど知られていない。さらに、クリミア戦争でナイチンゲールが心に深く刻んだ、無垢で憐れな傷病兵の多くが貧しいアイルランドの出身であったことも、あまり知られていない。

十九世紀初頭、「アイルランド・イギリス連合王国」が成立し、ダブリンとリヴァプールとの間に定期便航路がひらかれ、一八四〇年代には港と各都市を結ぶ鉄道ができた。アイルランドの各地から多くのアイルランド人がロンドンやリヴァプールに渡っていった半面、イギリス人がダブリン南部の海岸沿いに住み、裕福なプロテスタント街ができた。ダブリンの人口のプロテスタントとカトリックの比率はほぼ半々にまでなった。しかし、今日の北アイルランドを除くダブリンの外の地域は、九割近くがカトリックで、まったく異文化の世界であった。二つの断絶した世界が出来上がっていた。大飢饉はそうした特殊な事情の中で起こったのである。

一八四五年、北アメリカ大陸からヨーロッパ大陸を経てジャガイモの疫病「胴枯病《どうがれ》」がブリテン島に入ってきた。ブリテン島では麦類の生産が主で、パン食であったので大きな被害が出ることはなかったが、隣のアイルランド島ではダブリンを除く全域でジャガイモを主食にしていたために、歴史に残る大飢饉となった。

しかし、アイルランドに精通した人を除くイギリス人のほとんどが、アイルランド人が飢饉で苦しんでいるとは想像すらできなかったのである。

イギリス人が、ジャガイモだけが感染する「胴枯病」の凄さを知ることになったのは、ブリテン島内の救貧院入居者の食費節約のために、政府が主食のパンをジャガイモに変更することに決めた時のことであった。政府はアイルランド島からジャガイモを大量に輸入した。積み出し時には異状がなかったものが、グラスゴーの港で荷を下ろした時にはすでにすべて腐ってしまっていて、強烈な悪臭を放っていたという事件が起こったのである。

イギリス人に土地を奪われ、僻地に追いやられたアイルランドの貧しい小作農民には、外部からの情報や知識はほとんど伝わらなかった。彼らは何故ジャガイモが腐敗し、悪臭を放つのか知る由もなかった。悪臭が雨とともに空から降って来たのか、地から湧いて出たのか、様々な疑問を抱いては狼狽《うろた》えるばかりであった。

一八三八年にロンドンの政府が成立させた「新救貧法」に基づいて、アイルランドの各地にも「救貧院」がつくられていた。しかし、それはブリテン島のそれと比較して数が少なく、非常にお粗末なものであった。収容人数も比較にならないほど少なかった。食事は一日二食で、オートミールやジャガイモ、バターミルクなどであった。健康な男は石割り、女は編物などの仕事に従事していた。

一八四五年秋にロンドンの政府は、ジャーナリストやアイルランド救済委員会などから、アイルランドの全人口九百万人のうち二五〇万人以上が翌年一八四六年の夏を半飢餓状態で過ごさねばならないことになる、という報告を受けていた。

政府の財務官僚チャールズ・エドワード・トレヴェリヤンにもアイルランドの情報が伝わっていた。彼はイギリス国教会に属し、信仰が厚く、常に聖書を手放すことはなかった。しかし、アイルランド貧民の救済には関心を一切示そうとせず、まったく冷淡であった。

テリー・イーグルトンによると、トレヴェリヤンはアイルランドのジャガイモ大飢饉が「神の怒りではなくむしろ慈悲であり」、「人間の愚行を無効にし、アイルランドを快適かつ豊かな土地へと変えてくれる(74)」のであれば、それこそ慈悲深い神の摂理と至上の叡知だと断言した。彼は、イギリス人がアイルランド人に対して長い歴史の中で抱き続けてきた「優越意識」という恐ろしい偏見をしっかりと継承していたのである。

アイルランド人が古い慣習や迷信を継承していたのに対して、近代的な合理主義に徹するイギリス人はアイルランド人を愚行者、宗教的には異端者と決めつけていた。この徹底した差別意識は何世紀にもわたって変わることなく厳然として存在し続けていたのである。

一八四六年は世界的に穀物が不作であった。穀物の値段が急騰し、さらに、アメリカ合衆国の台頭によってイギリスの産業は不況のどん底にあった。イギリスは全面的に、いわゆる「飢餓の時代」であった。食糧の確保はイギリスにとって重大な問題になっていた。アイルランドはイギリスにとって重要な食糧供給源であった。アイルランドで生産される穀物類、家畜類、乳製品のほとんどすべてが、飢えたアイルランド人の目の前を素通りして、イギリス人の台所を賄うために送り出されたのである。

一八四七年にはアイルランド南部や西部では大量の餓死者が出ていた。その悲惨さは、ジャーナリストや聖職者ばかりでなく、政府によって派遣された視察官からも報じられるようになった。政府の財務官トレヴェリヤンは直接にその報告を受けていた。しかし、一方でそれとはまったく矛盾した情報も得ていた。餓死者が出ているそれらの地方にも十分な食糧がブリテン島の慈善団体や救済委員会から搬入されている、というものであった。

事実、貯蔵所や食糧販売所には十分な食糧が蓄積されていた。しかし、トレヴェリヤンは全食糧を現地価格で売ることは認めても、無料配給は絶対に許可しなかった。イギリスの自由放任主義の原則は徹底的に守られていた。貧しい小作農民にはそれらを購入するお金はなかった。食糧は貯蔵所には十分に保管されていながら、巷では家族全員が一つ屋根の下で折り重なるように餓死する事態がおきていたのである。

飢えた人々が糧を求めて大地をさ迷っても、すでに、犬もロバも野鳥も蛙も、自然の中に生息する食べられるものはすべて食い尽くされていた。しかし、彼らはそれほど過酷な状況の中にあったにもかかわらず、家畜や作物の貯蔵が豊富に在る地主の土地に立ち入ることは許されなかった。一家全滅どころか、一つの村全体が全滅したという悲報が次々とロンドンの政府に寄せられてきた。

アイルランド全土に疫病の蔓延

飢餓の悲惨な状況に追い打ちをかけるように、一八四六年から四七年にかけての冬は歴史的な寒波がアイルランドを襲った。地主に追い立てられ、住み処を失った貧民たちの多くが山中で悲惨な死を遂げた。荒れ狂う強風と深く積もった雪の中で、栄養失調でやせ細り、泥炭を切り出す力もなく、冷たい風に身を晒して死んでいった。

さらに、「飢餓熱」と呼ばれていた流行性の熱病が襲った。「飢餓熱」は、ウィリアム・マッカーサー卿の論文「飢饉の医療史」(75)によると、イギリスでは十四世紀はじめに見られたのを最後にして、国家の安定とともに消滅したが、アイルランドではイギリス人の征服によってアイルランド人の生活環境が劣悪化した。折しも、ジャガイモの保存の悪さなどが相俟って十八世紀から十九世紀の大飢饉に至るまで飢餓が繰り返され、そのたびに熱病が流行した。飢餓のたびに熱病が流行ることとから「飢餓熱」と呼ばれるようになったのである。

その熱病には二種類あった。一つは「発疹チフス」である。微生物のリケッチアがシラミの媒介で血管に侵入して引き起こす病気で、シラミに刺されるか、あるいは、直接刺されなくとも、リケッチアを体内に持ったシラミが死ぬと埃になって舞い上がり、人の瞼や呼吸器官から体内に侵入して繁殖し、毛細血管を襲って、皮下出血を起こさせる。顔などが黒ずんで腫れあがったためにアイルランドでは「黒い熱病」と呼ばれた。

あと一つは「回帰熱」である。シラミや昆虫の死骸からばら撒かれた、リケッチアより四十倍も長い糸状のスピロヘーターが人の体内に侵入し、急激に増殖する。高熱が出て、嘔吐、下痢を繰り返す。異常に汗をかき、極端に疲労する。一、二週間ほど経つと、一旦スピロヘーターの増殖はおさまり、熱が下がる。しかし、また一、二週間ほど経つと増殖を始め、高熱が出る。そうした状態を繰り返しながら、死に至る。これは「黄色い熱病」と呼ばれた。

これら二つの熱病は、アイルランド人には一つの病気と思われていたらしい。実際、同じ屋根の下に、ベッドを共にしていた姉妹がそれぞれ「発疹チフス」と「回帰熱」にかかっていた例があったということである。熱病は一八四七－四八年に十万人以上の命を奪ったとされている。

また、ジャガイモ飢饉でビタミンCの摂取量が不足すると、「飢餓熱」に匹敵する恐ろしい「壊血病」を発症した。皮下出血が起こり、痙攣や激痛が全身を襲う。特に、足の皮膚が変色し、大腿部まで黒くなって死に至った。

さらにまた、不潔になり、腐敗した食べ物を食べた多くの子供が「赤痢」に苦しんだ。政府の飢饉対策として北アメリカ大陸から輸入されたコーンは調理法が知られていなかったので、生で食べて腹痛と下痢に苦しめられることが多かった。その症状が「赤痢」と類似しており、因果関係にかなりの混乱が生じた。

「腸チフス」の他に、一八四八年の冬にはブリテン島から「コレラ」が入ってきて、一年間で約三万人の命を奪った。

一八四六年、飢饉の最中にダブリンに中央保健局が設立され、救貧院病院や診療所などの施設を運営することになっていた。しかし、発足当初ほとんどが餓死であったために診療の必要がないと見なされて、施設は放置されてしまった。「飢餓熱」が広まった一八四七年になっても、アイルランド全体に二十八カ所の診療所があるに過ぎなかった。

貧民は針やベッドの敷き布に至るまですべてお金に換えていた。ぼろ布を着替えることなく、何日も纏い続けた。夜は昼間のぼろ布に古い上着をかけて寝た。暖を取る燃料は泥炭に頼っていたが、栄養不足によって体力が消耗し、切り出すどころか拾い集めることすらできなかった。

アイルランドに昔からの伝統として残されていた「善意の習慣」があって、熱病の蔓延に拍車をかけた。その「善意の習慣」というのは、どんなに貧しい家であっても、旅の途次にある人に宿を提供することを拒まず、できる限りのもてなしをするというものであった。そうした場合、旅の途次の人が「飢餓熱」に感染していることがあり、善意の家に熱病というお土産を残して去っていくことがあった。

一八四七年の春、あるイギリス人の慈善看護奉仕者がアイルランド西北部のドニゴール州の救貧院を訪れた。彼女は飢餓の惨状を見て、「人々は痩せすぎてとても生きていけるようには思えません。歩く骸骨です」、「死体はお腹の皮が背中にくっついており、脊髄の関節の数が数えられた」と報告したことが、セシル・ウーダム－スミスの『大飢饉アイルランド 一八四五－四九[76]』に書かれている。

アイルランド西部はほぼ全滅に近い状態であった。「救貧院」には子供たちだけが残されたが、ほとんどが餓死の洗礼を受けていた。顎の筋肉が落ち、ものが言えず、うめくことも、泣くこともできなかった。彼らはひたすら無言のままで横たわり、空ろに何やら見つめているだけであった。顔は八十歳の老人のようにしわだらけになり、どの顔にも毛が生えて、サルのような額になっていたということである。

「イニスキレン救貧院病院」の病棟を訪れたある医師は、子供たちの栄養不足による衰弱を考慮して、天然痘の予防接種を断念した。天然痘の免疫をつけるために腕につくられた傷が壊疽《えそ》と化し、大勢の子供が命を失っていたからである。

一八四七年、救貧院病院には十一万人を超える収容者があったが、その実態はほとんど死を待つ家と化していた。まだ健康そうに見える者も、重病人も一緒に収容されており、そのほとんどが死を待っているかのようであった。施設の裏庭には荷車が並べられ、いつも七、八人の死体が積まれてあったということである。「赤痢」や「腸チフス」の病死者が、衰弱しきって動けなくなった病人と一緒に積まれていることもあったらしい。

救貧院病院では治療らしい治療は施されず、死ぬと汚れた衣服は焼かれ、土地には硫酸がかけられた。

コーク州のバントリーの救貧院を訪れたある医師は次のように報じた。

わたしが家に入ったとき、それに続く悪臭は極めて激しく、不快なものであった。病棟の廊下を歩いているうちに目に映ったものは藁の上に横たわる患者であった。彼らは裸で糞便にまみれていた。明かりは天井に一つついているだけだった。薬も飲み物も暖もなく、死者も死にかかった生者も見境なく横たわっていた。(77)

疫病には、人の日常性を突然狂わせてしまい、奪い去る恐ろしさがある。しかし、飢餓に苦しむ者にとって、疫病はそれほど恐ろしいものではなかった。絶望した彼らにとって唯一の救いは〈無意識〉であり、〈死〉であったからである。彼らは早く意識のない世界へ行くことを望んだ。〈死〉は敵対するものではなくなった。絶望からの救いであったのである。

リヴァプールにおける貧民層の拡大

一八四五年以降、リヴァプールの下層労働者は増加し始め、港湾一帯に貧困地域を形成していった。それと共に、生活環境の衛生状態が深刻な問題となっていった。一八四六年、リヴァプール市は「リヴァプール衛生法」を制定し、市長自らがリーダーシップを執って貧困地域の環境衛生の改善に乗り出すまでになった。

一八四七年には飢餓を逃れて、アイルランドからさらに多くの貧民がリヴァプールに流れ込んできた。歴史研究者ダヴィット・ホレット著『新世界への道 アイルランド飢饉と移民満載船』[78]によると、一八四七年にアイルランドからリヴァプールに渡って来た人の数は二九万六二三一人であった。そのうち、アメリカ合衆国への渡航者や商用などの一時的な滞在者を除くと、十一万人以上のアイルランド人がリヴァプールに残留した。

アイルランド人のほとんどは新天地アメリカを目指し、リヴァプールから出る北アメリカ大陸へ向かう船便を待った。その船便の多くは安い運賃の貨物船で、荷台を簡単な寝床に換えただけのものであった。飢餓に苦しむ貧しい小作人家族は、教区牧師や良心的な地主からわずかな旅費をもらって、次男や長女をアメリカへ渡らせた。若者たちは船賃の安い貨物船の船底に乗り込んだ。しかし、こうした船はリヴァプールで貨物を下ろして軽くなった帆船で、大西洋の荒波にま

●リヴァプールの総人口　1841年　223,003人
1851年　376,065人

●ダンカンの最下層貧民の衛生状況調査（1847年）

共同住宅生活者 55,534人	下水道や排水溝設備は無い。生活排水は路上に撒き捨て。汚染された井戸を共有。
地下室生活者 27,123人	明かりと換気扇は無い。水はけ不良。床下に汚染された井戸があり、生活水として利用。

＊参考：ダヴィット・ホレット『新世界への道　アイルランド飢饉と移民満載船』

かれて沈むことがよくあった。それで、アイルランド人はそうした船を「棺桶船」と呼んでいた。

一八四九年以降、アイルランドからの移住者の数は減少したが、アイルランド出身者の人口は、子供の多産によって増え続け、市全体の人口を押し上げていった。

一八四一年には二二万三〇〇三人であった市の公式人口は、十年後の一八五一年には三七万六〇六五人にまで膨らんだ。その増加は貧困層の急増に起因していたために、リヴァプール市民の税金負担は急増した。しかし、アイルランド貧民を救済しようとする動きは市民の間に高まっていき、慈善団体によるスープや食糧の配給など、直接的な救済事業がなされるようになったのである。また、ブラウンローヒル救貧院は建て増しされて収容人員が増やされた。こうした貧民救済への動きは高まっていった。

一八四七年、イギリス最初の保健医療医師になった、リヴァプール出身のウィリアム・ダンカン、通称ドクター・ダンカンを長とする「保健委員会」が組織され、共同住宅が密

集する貧困地域の生活実態調査に乗り出した。

調査の結果、最下層の貧民五万五五三四人が、人口の密集した日当たりの悪い袋小路の共同住宅で暮らしていることを明らかにした。その共同住宅には下水道や排水溝などのきちんとした設備はなく、汚染された井戸を共有し、排泄物は路上に撒き捨てられていた。疫病の発生源ともなる貧民の不潔な生活の改善が求められたのである。

「保健委員会」はさらに、一万四八五戸の地下室を調査した。地下室は本来、家主が衣料織機を置く部屋としてつくられたものであったが、住む場所がない貧しいアイルランド人のために住居として提供されていた。地下室の多くには、明かりもなければ換気扇もなかった。そのうえ、水はけが悪く湿気が多かった。調査の結果、地下室の生活者の総数は二万七一二三人であり、五八四一戸に及んでいた。そして、床下によどんだ水を溜めた井戸があることがわかった。地下室の多くが居住に不適切と判断され、家主に劣悪な生活環境の改善命令が出された。

リヴァプールの貧困の惨状を物語るものに幼児の高死亡率があった。一八三八年、中央政府の衛生管理官チャドウィックは「出生、婚姻、死亡に関する登録法」を制定した。それまで貧民家庭における幼児の死亡率は異常に高かったが、子供だけの死亡届が提出され

5歳児未満の平均死亡率（1861〜70年[79]）

イングランドの都市	5歳未満幼児の死亡率
全体の平均	26.2 %（100）
リヴァプール	52.6 %（201）
マンチェスタ	43.6 %（167）
リーズ	41.3 %（158）
プレストン	39.8 %（152）
シェフィルド	39.4 %（151）

たにすぎなかった。この「登録法」によって幼児の死因を記した死亡届の提出が義務付けられた。しかし、死亡の認定者が誰であるか明確にされていない上に、提出義務も厳格には守られていなかった。そのため、その「登録法」は、市民の生活水準や病気や公衆衛生の状況などを正確に知る十分な手がかりとまではならなかった。

一八五八年、「医師法」が制定され、正式に登録された医師の診断による死亡通知書の提出が市民に義務付けられ、登録されていない医師の死亡診断書は無効にされた。この制度の実施によって年ごとの幼児の死亡者数と死因が正確に残されることになった。

しかし、この制度は実際には、貧しい市民の生活を圧迫することになった。貧民家庭の幼児の死亡に際して、正規の死亡診断書を書いてもらうには二シリング六ペンスというお金がかかった。貧しい労働者の週賃金は平均で二一シリング前後であったとされている。それで、ほぼ一日分の生活費を、死亡診断書作成に費やすことになり、死亡者が出るごとに家計が圧迫された。そのため、薬剤師や救貧院の無資格医師が無料で書くことがあり、医師の正確な診断なしで処理されるという事態が起きていたともされている。

「医師法」が制定されて三年後の一八六一年から一八七〇年にかけてのリヴァプールにおける五歳未満の

ダンカンのリヴァプール病死者調査（1849年）

病死者総数		17,046人
病名	コレラ	5,245人
	赤　痢	1,271人
	発疹チフス	567人
	麻　疹	419人
	百日咳	376人
	猩紅熱	317人
	咽頭炎	113人
	天然痘	68人
	梅　毒	42人

幼児の平均死亡率は五二・六％で、イングランド全体の平均死亡率の二倍を上回っていた。

幼児の死亡率の高低は生活水準の高低と比例すると考えられることから、いかにリヴァプールに貧しい最低生活をおくる人々が多かったかということがわかる。その数字は一八六〇年代のものであるが、一八五〇年代の貧民の生活状況の悲惨さは容易に想像できるであろう。

リヴァプールに蔓延した疫病

一八四八年、疫病の蔓延を危惧した政府は「リヴァプール医療救済委員会」を通して、医療の面から貧民救済を始めた。

委員長ウィリアム・ダンカンが調査した一八四九年のリヴァプールの年間病死者数は一万七〇四六人であったが、その数は前年より約四五〇〇人増加していた。

病名の内訳のトップは「コレラ」であった。これは一八四八年にロンドンからイギリス全土に蔓延し、リヴァプールにも及んでいたことがわかる。三番目の「発疹チフス」は、飢餓を逃れたアイルランド人が渡って来る以前のイングランドでは知られていなかった病気である。「発疹チフス」は、一八五〇年頃にリヴァプールからイングランド全体に蔓延し、貧民から上流階級に至るまで、多くの死者を出したとされている。

「天然痘」に関しては、イギリスでは種痘が法制化されていることから、アイルランド人の保菌者がリヴァプールで発症したと考えられている。「麻疹」や「猩紅熱」は、栄養不足の抵抗力のない子どもたちが罹患し、その多くが死亡した。

疫病のすべてがアイルランド人によってもたらされたということではなかったが、飢餓状態の中でしか発症しない病気が流行っていたことは間違いなかった。さらに、公衆衛生の悪い広大な貧困地域が疫病の感染源になると、市民の間に貧民への差別意識が広まっていった。疫病の蔓延は貧民の救済を困難にさえした。

そうした状況の中で、ダンカンは思い切った公衆衛生改善に踏み切った。住居として不適切な家の住民を強制的に退去させて、公衆衛生の改善と住居の建て直しを命じた。しかし、貧困地域の最悪の衛生環境は一部改善されはしたもののすべてを改善することはできなかった。貧困層の人口は減ったわけではなく、住居を失った貧民が路頭に迷ったに過ぎなかった。

貧民の生活は、行政による一方的な改善がなされると、反対に貧民の失望感は増大し、堕落と退廃はさらに進行した。そして、性病や疫病がリヴァプールの人民全体に蔓延するといった悪循環が出来上がってしまったのである。

都市の整備計画や公衆衛生改善の遂行は困難をきわめてしまい、絶望的な状況に陥った。しかし、リヴァプールはそれで終わらなかった。他の都市に類を見ない貧民救済活動を展開したのである。クェーカー教徒やカトリック教徒の有志が立ち上がり、貧民救済の施設や学校をつくった。救貧院病院の建設に私財を投じたウィリアム・ラスボーンをはじめとして、子供の救済施設や学校設立に私財を投じたトマス・レスターやジェイムス・ヌジェントなどが貧しい人々に希望をもたらした。その三人の銅像は、今もライムストリート鉄道駅前の聖ジョンズ公園の高台に立って港や市街地を見下ろしている（口絵3頁参照）。

以上のような貧民救済活動が展開されるようになったばかりでなく、保健医療では「地域看護」という新しい看護領域が生まれ、病院を出た訪問看護師が貧しい病人の救済に力を発揮するようになったのである。

クエーカー教徒の貧民救済活動

ウィリアム・ラスボーンは、一八五〇年代から六〇年代にかけて、貧困のために医療が受けられない人々の救済に尽力した。彼は、イエス・キリストに倣って貧民救済のために行動するクエーカー教徒であった。

クエーカーの特徴は、『岩波 哲学・思想事典』(80)によると、「制度や礼拝形式、教理などに力点を置かず、聖書を尊重するが、それよりも〈内なる光〉である全ての人の内に常に働く神の力を信仰の拠点」としている点である。その教徒の信条は人間の尊厳を重んじ、友愛と平等の精神で他者に接することであった。

クエーカー教徒はアイルランド大飢饉の際、アイルランドの各地を回ってスープ配給所を開き、貧民に食糧を供給した。イギリスから渡った他のプロテスタントの慈善団体はアイルランド人をカトリックからプロテスタントへ改宗させる目的を持っていたが、クェーカー教徒は平等と友愛の精神から、宗派に関係なく貧民を餓死から救おうと努めたのである。

ラスボーンだけでなくその夫人もまた生涯を貧民救済のために捧げた。ラスボーン夫人は女性的な発想から自己を犠牲にして貧民のために働いた。シャワーを持たない貧しい下層労働者のために公衆浴場と公共の洗濯場を設けて、保健衛生の向上に努めた。また、コレラの犠牲者の服や寝具を消毒し、洗濯して、貧民のために再利用できるようにした。しかし、夫人はそうした献身的な無理がたたり、病に臥してしまった。

ラスボーンは夫人の病を案じて、一人の女性看護師を雇った。その看護師は夫人が逝くまで、献身的な手厚い看護をした。その働きぶりを見ていたラスボーンは、夫人の死後、一八五九年に、貧しい病人が在宅でも看護を受けられるような看護体制を思いついた。そして、夫人を看護してくれた看護師に対して、病院にかかれない貧しい病人の家をまわって看護をしてくれるように要請した。しかし、貧民の悲惨な生活実態を見て知っていた彼女は、当初、ラスボーンの要請を断った。彼女にとって、貧民の悲惨な生活の中に入っていくことは耐え難いものであったからである。ラスボーンは彼女を必死に説得した。ついに彼の熱意に負けた彼女は訪問看護の仕事を引き受けてくれた。彼女は使命感を抱いて、恵まれない病人の家庭を訪問し、看護の仕事に残りの人生を捧げたのである。

一八五九年、ラスボーンはその看護師の仕事に刺激されて、私財を投じて在宅患者の看護を専門とする看護師組織をつくる決意をした。そして、一八六二年、彼はナイチンゲールに手紙を書いて教示を求めた。その手紙の内容については、ルーシー・セーマーの『フロレンス・ナイティンゲール』によると、「貧民が、それぞれの家にいても病院にいると同じに、訓練の行きとどいた看護師さんに介抱してもらえるような制度をつくりたい[81]」というものであった。

ラスボーンに対するナイチンゲールの教示は、リヴァプール王立病院に地域看護師訓練学校と看護師宿舎を開設すること、さらに地域の有力者の経済的援助を獲得することなどであった。

経済的な援助の獲得はナイチンゲールにとってきわめて重要な問題であった。正規の訓練を受けた看護師にはそれ相応の報酬を支払う必要があるというのがナイチンゲールの持論であったからである。この点がナイチンゲールと看護修道女との根本的な違いであった。ナイチンゲールの考えでは、看護師はイエス・キリストの行いに倣って、献身的に貧しい病人のために働かなければならないが、同時に、看護職者としてそれ相応の報酬がなければならないというものであった。

一八六二年、ナイチンゲールの教示に従ってラスボーンは自ら私財を投じて、リヴァプール王立病院の中に地域看護師訓練学校と看護師宿舎を開設したのである。

ナイチンゲールはラスボーンがやろうとしている新しい看護事業に格別な思いで期待を寄せていたに違いない。というのも、一八四二年にまで遡るが、ナイチンゲールは母親に連れられて、リーハースト邸に隣接するホロウェイ・ヴィレッジへ行き、飢饉に苦しむ農家を回ってスープと銀貨を配ったことがあった。その時以来、ナイチンゲールの心中には、誰からの援助もなく、ただ家の中にいて不安や病いに蝕まれ、死んでいく人々の姿が焼きついていたのである。

病人の家を訪問する看護師を育成したいというラスボーンの願いは、ナイチンゲールが抱き育み続けてきた彼女の看護理念の根幹に触れるものであったに違いない。

やがて、リヴァプール王立病院で正規の訪問看護の訓練を受けた看護師が輩出されると、リヴァプール市街地は十八の地域に区分され、そして、各区域に看護師たちが配置された。一八六七年、リヴァプールにおいて、イギリスでは初めての貧困家庭の病人を在宅訪問する「地域看護」が確立されたのである。

ナイチンゲールは書簡において、「リヴァプールでなされたように、家にいる貧しい病人たちのための地域看護を新しく打ち立てること、これこそ文明社会に住む人々が皆で力を合わせて行なうに最もふさわしい事業であるとはいえないでしょうか？[82]」と新しく生まれた「地域看護」を称えている。

リヴァプール・ブラウンローヒル救貧院病院

ラスボーンが私財を投じたリヴァプール・ブラウンローヒル救貧院は、教会、熱病病棟、病院、女性病棟などの施設を持った巨大な「救貧院」（「ワークハウス」）であった。その中でもひときわ目立っていたのが五階建ての病院であったが、そこには収容人員（八百人）を五〇％も超える一二〇〇人もの患者が収容されていた。しかも看護体制は杜撰《ずさん》で、看護の専門的訓練を受けた看護師はまったく存在しなかった。

ラスボーンは、ブラウンローヒル救貧院病院の貧しい病人に適切な看護ができるようにしたいと考え、当病院の看護体制の改革に乗り出した。

そのうえ、疫病の発生源となっていた貧困地域から救貧院病院へ患者が次から次に入ってきた。その数はベッド数を大幅に上回った。実際の患者数は一四〇〇人を超えていたということである。特に小児病棟では、一台のベッドの上に何人もが重なるように寝ていた。それでも子供たちにとっては、ベッドの上で寝ることができるだけでも幸せであったらしい。

貧困地域の日常でまかり通っていた低俗な習慣や飲酒癖などがそのまま病棟の中かに持ち込まれていた。しかも、正規の訓練を受けた看護師は存在せず、体力だけが売り物の患者の世話人が雇われていた。彼女たちは素行が悪く、患者と一緒になって酒を飲んだりすることもあったらしい。

一方、役人や救貧院管理者は貧民への偏見と差別を抱いており、救貧院病院を正規の病院とは見なしていなかった。そういった意識は、食事の悪さや病棟の公衆衛生に反映した。悪臭が救貧院病院内に立ち込めていた。患者は栄養不足に陥り、病院内には飢餓や感染症が蔓延していた。しかも監督官は教区委員会選出の役人で、治安の維持だけを考え、重症患者は熱病棟に隔離して放置するという始末であった。

一八六四年、救貧院病院の患者にも正規の訓練を受けた看護師による看護を施さねばならないという信念を抱いたラスボーンは、ナイチンゲールに徹底した財政支援を約束して、聖トマス病院の看護師訓練を修了した看護師の派遣を要請した。しかし、聖トマス病院の看護師訓練学校で正規の訓練を受けた看護師を救貧院病院で雇うとなると、ラスボーンだけでなくナイチンゲール自身ですら予測していなかった社会の大きな壁が立ちふさがった。

折しも、聖トマス病院のナイチンゲール看護師訓練学校は、高度な知識と技術を習得した看護師を輩出できるようになっていたが、運営管理の責任者である教区委員会が受け入れ認可を出さなかった。それでナイチンゲールは一人としてリヴァプールへ派遣することができなかったのである。

当時、イギリス各地に存在していた救貧院病院は正規の病院として見なされておらず、教区の貧民救済施設「救貧院」の一部と見なされていた。すなわち、救貧院病院の管理運営には自治体ではなく教区の聖職者と奉仕団体で組織する貧民救済委員会があたっていたのである。

貧民の品行の悪さに手を焼いていた教区委員会は、救貧院の患者の看護を正規の訓練を受けた看護師に委ねることに断固反対した。教区委員たちは、貧民が罪深い存在であり、貧民の病いは貧民自身が負っている罪の報いであると見なす傾向にあった。高度な教育と訓練を受けた看護師が下品な貧民の看護をするということは考えられないことであった。

教区委員会だけでなくイギリス社会全体に、宗教に根を持つ階級意識や罪意識が根強く存在していて、保守的な秩序が重んじられていた。神に最も近い存在は国王であり、最も遠い存在は貧民である、とする意識が固定化されていたのである。

しかし、救貧院病院における看護とその体制の改革は看護のあり方そのものの全体に及ぶ改革でもある、と確信していたナイチンゲールは、何としてでも教区委員会から許可を得ようと、ロンドンでその筋の有力者に働きかけた。

そうした苦しい状況の中で、まったく予想しなかった不幸な出来事の知らせがナイチンゲールのもとに届いた。その出来事とは、寒いクリスマスの夜、ロンドンのホルボーン救貧院で凍死者が出たということであった。報道でも大きく取り上げられ、管理上の手落ちが指摘された。機知に富むナイチンゲールは逆にそれを絶好の機会にして、ロンドン大主教区の救貧法監査官に手紙を書き、ブラウンローヒル救貧院病院における看護体制改革計画を提案したのである。それが功を奏し、その監査官の積極的な助力を得ることができた。そして、一八六五年、ナイチンゲールが看護師訓練学校で訓練した正規の看護師派遣の認可が下りたのである。

アグネス・ジョーンズの働き

アグネス・ジョーンズを総師長とする総勢十三名の看護師団が、ロンドンからリヴァプール・

ブラウンローヒル救貧院病院に派遣された。

　アグネスはアイルランド北部の出身であった。彼女はクリミア戦争でのナイチンゲールの働きに啓発され、聖トマス病院の看護師訓練学校に入学した。セシル・ウーダム－スミスによると、ナイチンゲールが言うには、アグネスは「可憐にして若々しく、才能豊かにして機知に富み、ルイ一四世が理想に描いた羊飼娘さながらの美貌を備えて(83)」いた女性であった。さらに、畜生以下とされていた貧民患者の群れの中で、アグネスは不屈な精神とすばやい機転を働かせることによって看護に励んだのである。

ブラウンローヒル救貧院病院（1931年に取り壊された。http://www.workhouses.org.uk/Liverpool）

　アグネスの注目すべき点は、救貧院病院の過酷な状況下にあっても、彼女が貧民患者を蔑視しなかったことである。むしろ彼女が軽蔑したのは、偏見に満ちた教区委員会の役人たちであった。アグネスは役人たちに貧民患者への公正と平等を求め、厳しく対立した。彼女はナイチンゲールの貧民に対するのとまったく同じ地平に立っていたのである。アグネスと教区委員会や救貧院管理者との間に対立が生じるたびに、ラスボーンはロンドンへ赴いて、ナイチンゲールに相談し、仲介に入ってもらったということである。

　アグネスの看護への献身的でひたむきな姿勢は、やがて市長や知事などの理解を得るようになった。救貧院病院の看護体制の改革は進み、病院の看護の評判も高まった。

しかし、評判の高まりと共にリヴァプール以外の地域からも貧民患者が集まってくるようになり、当病院の看護師は過重労働を強いられるようになった。一八六八年、アグネスは疲労困憊の果て、病気にかかり、三十六歳の若さで他界してしまった。

ナイチンゲールは、最愛のアグネスを失った時、「私も胸の張り裂ける思いでした」と書簡(84)の中に書いた。また、その年にエッセイ『ユナとライオン』(85)を書いた。そのエッセイは三年後に『アグネス・ジョーンズをしのんで 一八七一年』(86)という表題で日本語に翻訳、出版された。その翻訳から引用すると、ナイチンゲールは深い信仰心から、アグネスのことを「彼女ほど人間の賞讃を求める欲望から最も自由に解き放たれていた者はいなかった(87)」と讃えている。名声や名誉を得るために奉仕活動する慈善家は欲望の奴隷であり、そこに真の自由はない。貧民患者の看護に自らを捧げることを喜びとすること、そしてそれを信仰の喜びと一致させること、そうした精神こそがナイチンゲールが求めた看護の精神そのものであった。

さらに、そのエッセイの中でナイチンゲールは、「救貧院の病人はたんなる救貧院居住者として世話されてはならないのであって、彼らは貧しい病人として、治るものであれば治癒すべき病人として世話を受け、また、たとえ治癒できない病人であってもキリスト教国にふさわしい病人として手当てを受けるべきである(88)」と書いている。それは、イギリスはキリスト教国でありながら、その信仰に相応しい、貧しい病人への看護がなされていないことへの痛烈な批判でもある。

また、ナイチンゲールはこうも書いている。アグネスは「神の武具をもて鎧《よろ》い戦えとの天命に彼女は終始変わらず従順であった[89]」と。この一節に言われている「神の武具」とは、イエス・キリストの行いを記した新約聖書のことであり、アグネスはその教えに従い、いかなる欲望をも退け、貧民患者を救うためにのみひたすら自己を捧げて神の生贄《いけにえ》となって死んだと理解できる。まさにアグネスは、ナイチンゲールが目指した病院に「神の国」を実現するべく戦った戦士であった。そしてナイチンゲールは、アグネスを看護職者の理想的な姿として讃えたのである。

また、「平等」と「友愛」という共通の地平に立ったアグネスとナイチンゲールの連携は、「病院看護」という革新的概念を生み出した。この看護のあり方は、貧しくて病院に通うこともできない病人たちにどれほど大きな希望を与えたことであろう。

リヴァプール・ブラウンローヒル救貧院病院において、ナイチンゲール、ラスボーンそしてアグネスが一体となって成し遂げた看護の大改革は、看護の世界にとどまることなく、貧民に対する市政をも超えて医療行政のあり方にまで大きな波紋を起こした。その職業の領域を超えて、社会全体に大きな影響力を持ったばかりでなく、都市の歴史にまで少なからぬ影響を及ぼすに至ったのである。リヴァプールに一つの記念すべき歴史的偉業が看護によって成し遂げられたと言えるのではないだろうか。

フロレンス・リーズと地域看護師教育

「地域看護」の高まりは産業労働者の多いマンチェスターやサルフォードでも起こった。貧しい労働者の病人の看護をする今日の訪問看護サービスの前身である在宅訪問看護が、婦人衛生協会の婦人団体によって行われるようになったのである。

ナイチンゲールとラスボーンが努力して生み出した「地域看護」の波は、ロンドンにも及んだ。一八七四年には「ロンドン地域看護協会」が生まれ、「地域看護」の改善策や地域看護師の育成についての本格的な調査が始まった。

その調査委員長にフロレンス・リーズが選ばれた。リーズは一八六六年、ナイチンゲール看護師訓練学校で四カ月だけ学び、ドイツに渡った。プロイセン－フランス戦争に看護師として参加し、プロイセン軍の負傷兵の看護に従事した。そして、戦争終結後はロンドンに戻っていた。戦争での看護体験があるそのリーズに白羽の矢が立ったのである。

リーズはまず、ロンドンの牧師や医務官に聞き取り調査を行った。そして、看護師の衛生観念が貧弱であったために、看護からむしろ病気の感染が広まっていたことを明らかにした。

リーズの調査委員会は看護師の教育、指導の強化、さらに医師との連携強化や病人の家族への注意、指導などを報告書にまとめた。その報告に基づいて、「ロンドン地域看護協会」は地域看護師を育成する訓練学校と看護師宿舎を聖トマス病院と隣接する土地に創設し、一年間の病院での訓練と六カ月の地域看護見習い期間を設けることを提案した。

ナイチンゲールはその提案を受けて「首都圏看護協会」を設立し、リーズをその初代会長に任命した。彼女は見習い期間中の看護師に対し、「解剖学」、「生理学」、「衛生学」などの学科に加えて婦人病や食品腐敗のメカニズムなどの特別授業と試験を課した。

全課程を終えた看護師は藍色に縁取りされた茶色の制服を纏い、外出時には藍色のマントを纏い、青いリボンのついた帽子を被った。また、消毒薬、手拭、石鹸、包帯などの入った革製のバッグを常備していた。

地域看護師は貧しい病人にとっては病院以上に有意義な働きをした。病院では患者は治療が終わると退院し、病院との関係は終わる。しかし、地域看護師は病人の家庭に出向き、保健衛生の指導などをした。また、医師の手が足りない時には、外科の手術はできなかったが、医師から指示書を預かり、投薬や簡単な治療まですることができた。「地域看護」は病院の看護以上に幅広い看護活動の可能性を開いたのである。

ナイチンゲールとラスボーンは協力して「地域看護」の発展に努力したが、一八八七年、リーズの功績がヴィクトリア女王に認められ、さらなる積極的な国民的支援を受けることができるようになった。女王は在位五十周年を記念して集められた寄金を貧民の在宅訪問看護に貢献する地域看護師育成の資金にあてることにした。女王から受けた資金援助は「首都圏看護協会」の資金と統合され、「女王在位五十周年記念看護協会」が発足した。その主な目的は、全国の熟練看護師が貧困家庭の病人の訪問看護にあたることができるようにすることであった。

こうして「地域看護」は重要な看護領域になったのであるが、ナイチンゲールの胸の中には新たな危惧が芽生えていた。それは、看護師の資格を試験によって決めようとする動きが看護界に加速していたからである。看護は、神によって授けられた人格を有する人間の神聖な器である肉体を対象にするのであるから、単純に方式化された試験制度によって看護師の資格を判別することはできない、というのがナイチンゲールの信念であった。

第四章　グラスゴー王立病院と新しい看護師教育

グラスゴーの公衆衛生改革

グラスゴーの歴史は、六世紀にマンゴー聖人が建てた教会と修道院を中心にした小さな門前町から始まった。十八世紀になってイギリス全土に産業革命が起こったが、グラスゴーでは一八〇七年にイギリス最大の綿紡工場が建設され、織物の産業都市として発展した。さらに、一八二七年には近代的な溶鉱炉がつくられ、鉄鋼生産高は他の産業都市を圧倒するまでになった。また、イギリスのタバコ生産のシェアをほぼ独占し、アメリカ合衆国との貿易で栄えた。

イタリアやアイルランドから労働者が集まり、グラスゴー市の人口は一八〇一年の七万七〇〇〇人から一八四一年には二七万五〇〇〇人にまで増えた。労働者は現在のグラスゴーのイーストエンドのハイ・ストリートからブキャナン・ストリートにかけて住み、巨大な貧しい労働者街を形成した。グラスゴー市政当局は急激な人口の増加に対応しきれなかった。市街地は公衆衛生が悪化するにまかせて拡大し続けたのである。

一八四二年に、政府の衛生管理官エドウィン・チャドウィックがグラスゴーを視察し、悪臭に満ちた街の下水道の整備の遅れや住民の不衛生な生活状況を見て、イギリスのどの地方都市と比較しても最悪であるという報告をした[90]。

チャドウィックが報告したグラスゴーの悪臭の街とは、今日のグラスゴーの市街地とは異なったイーストエンド寄りの地域に存在していた。現在の街は「ニュータウン」と呼ばれており、先に述べたチャドウィックが視察した街は「オールドタウン」と呼ばれている。グラスゴー王立病院から南側に広がった「オールドタウン」は、十九世紀には中心的市街地であった。そこは過度に密集した住宅街で悪臭に満ち、一八四八―四九年と一八五三―五四年には「発疹チフス」や「コレラ」が蔓延した。しかし、グラスゴー王立病院には疫病の感染者を入院させる病棟が無く、死亡者の多くは聖堂や教会の周辺の墓地に埋めるか、身寄りのない遺体は墓地の周辺に捨てられた。

蔓延していた疫病がようやく収まりつつあった一八六〇年代、グラスゴーにはさらなる追い打ちがかけられた。それは、アメリカ合衆国で南北戦争が始まって、主力産業であるタバコ産業や織物産業の輸出が落ち込んでしまった。そのために、グラスゴー経済が急速に低迷したのである。

貧困が慢性化した産業都市が必ず抱えた社会問題、すなわち飲酒、売春、無気力、無関心などの問題がグラスゴーでも深刻化した。特に売春と性病感染の問題は、他の産業都市と比べてずっと早くから存在し、深刻になっていた。

ちなみに、医療社会学者ジュディス・R・ウォーコウィッツ著『売春とヴィクトリア朝社会――女性、階級、国家』[91]によると、織物産業の女性職工の賃金は非常に低かったために、売春する女性が多かった。それで、グラスゴーに「性病院」ができたのは、ロンドンとダブリンを除く産業都市の中では最も早く、一八〇三年のことであった。イギリスの「性病院」の数は、十九世紀後半から二十世紀にかけて急速に増加したことから判断して、グラスゴーの売春と性病の問題がいかに早くから深刻であったかがわかる。

疫病の蔓延とモラルの低下に苦慮した市の行政当局は、パリの都市再建に倣って、今日のグラスゴー・セントラル鉄道駅付近から西側に、公園を中心に区画整理された快適な生活環境と衛生設備を整備し、パリに似た景観の美しい都市再建計画を立てた。

この再建整備計画で、古い密集住宅街「オールドタウン」は撤去されることになり、約一万五〇〇〇世帯が立ち退きを強要された。計画遂行において、貧民は無情にも排除されたのである。

グラスゴーの都市再建計画は、貧困地域を残して「地域看護」発祥の地となり、救貧院病院を充実させたリバプールとは、まったく対照的であった。

十九世紀グラスゴー王立病院の医療革新の歴史

一八六〇年代のスコットランドには王立病院が三カ所に存在していた。それはダンディー王立病院、エジンバラ王立病院、グラスゴー王立病院であった。これらの王立病院の看護師長にはナイチンゲール看護師訓練学校出身の看護師がナイチンゲールの推薦によって派遣されていた。ナイチンゲールに派遣された看護師長たちは、訓練学校で習得した高度な知識と技術を仕事に生かすばかりでなく、地方病院の看護師に対して積極的に看護師教育に力を注いだ。

現在、グラスゴー王立病院は郊外に移っているが、十九世紀の王立病院はグラスゴー大聖堂の敷地内にあり、イギリス国教会高教会派の墓地や聖マンゴー埋葬地などに隣接していた。

グラスゴー王立病院には創設当初から特異な歴史があった。七世紀にカトリックの聖人マンゴーが建てた教会の敷地内に、十二世紀頃、要塞のような修道院がつくられたが、十六世紀になって、イギリス全土にプロテスタントによる宗教改革の嵐が吹き荒れ、修道院は破壊され、放置された。十五世紀にすでに市民によって再建されていた聖マンゴーの教会、すなわち現在のグラスゴー大聖堂だけは破壊されずに残った。しかし、修道院の方は廃墟になったまま十八世紀に除去されてしまった。そして、一七八九年、その地にグラスゴー王立病院が建てられた。

一八二四年、そのグラスゴー王立病院は地上四階、地下一階の病院に再建された。その後、熱病病棟や内科病棟が増設され、エディンバラ大学から優れた研究者を迎えるようになって、グラスゴー王立病院の輝かしい歴史が始まった。一八六〇年、ジョーゼフ・リスターがエディンバラ大学からグラスゴー王立病院の聖マンゴー医学校（一九四七年にグラスゴー大学医学部に併合）の外科部長に着任し、外科に革命を起こした。

リスターが着任した当時、王立病院内では、丹毒《たんどく》、床ずれ、壊疽《えそ》、敗血症が、病気そのものよりもはるかにひどい被害をもたらしていた。すなわち、病院内には、不衛生な医療が原因の感染症が蔓延していたのである。

ピエール・ダルモンは『人と細菌――一七―二〇世紀』で、その感染症発生とリスターの感染症予防の功績について次のように書いている。

グラスゴー病院からさして遠くない距離に共同墓地が広がっている。そこには地中のごく浅いところに一八四九年のコレラによる死骸が折り重なって埋葬されていた。おそらくそれらの死骸から多量の種細胞が空気を汚し、いたるところに浸透し、災いを広め、良性の傷を致命的潰瘍に変えてしまうのだろう。すぐにリスターは種細胞の侵入と闘うために一連の処置を講ずる。むなしい幻想にすぎない換気は諦め、傷を石炭酸で処置し、同じように石炭酸に浸した包帯で傷を覆う。一八六七年のことであった(92)。

以上の引用は比喩的に記述されていて理解が難しい箇所もあるが、その比喩を具体的に紐解いてみると、リスターがいかに歴史的に大きな医療革新を成し遂げたかを読みとることができる。「死骸から多量の種細胞が空気を汚し」と書かれているが、これには、コレラが蔓延した一八三〇年代以降、公衆衛生学会の通説となってきた「瘴気説」を一歩進めて、「種細胞」の存在の発見に至った革新的な出来事が述べられていると考える。

「瘴気説」というのは、死骸や腐敗物などから出る「悪臭」や「発酵ガス」などの無機質が空気に混じり、それが肺に入って血液に吸収され血流にのって全身をめぐり、疫病を惹き起こすという学説であった。リスターは、疫病や感染症を惹き起こすのは「悪臭」や「発酵ガス」というようなものではなく、死骸や腐敗物に存在していて病の原因となる「種細胞」、すなわち人体の中で細胞が増殖され病気を惹き起こすその元凶になる細胞が空中に分散し、呼吸器や外傷などを通して人体内に侵入してくることを察知していたのである。

そして、その「種細胞」が無空気状態の中でも食品の腐蝕や発酵を惹き起こす、という事実を発見していたのであろう。引用文中の「むなしい幻想にすぎない換気」とは、「瘴気説」によって感染予防に唯一効果的なものとして考えられていた「換気」が、「種細胞」撲滅には効果がないことを意味しているのであろう。

リスターは、さらにグラスゴー王立病院で多くの感染者を出している「敗血症」の治療方法を研究した。感染源の「種細胞」の侵入を防ぐことができれば、あるいはそれを殺すことができれば、傷が潰瘍になるのを防ぐことができ、病気の感染を防ぐことができると考え、汚染水の臭いを取り除くために使われた「石炭酸」に着目し、それに消毒の効果があることを究明したのである。そして、傷口や手術器具を「石炭酸」で消毒することによって「種細胞」が手術の傷口に入るのを阻止し、化膿を防ぐことできるようになった。これによって安全な手術ができ、手術後の感染症を大幅に減少させることができたのである。

ダルモンは『人と細菌——一七-二〇世紀』で、空気感染における「石炭酸」の散布効果とリスターの功績を次のように書いている。

リスターはまた石炭酸の撒布によって大気中の種細胞を撲滅しようと努める。彼は傷と空気を遮断し、手術器具を常時清潔に保つようにする。王国で一番危険であった外科手術がそれからはもっとも安全なものになったのである。一八六七年から一八六九年のあいだに彼は四〇例の四肢切断をし、死亡率は一二%であったが、他のところではそれと同様の手術は軒並み六〇%を超える死亡率であった[93]。

リスターの消毒の効果と手術後の死亡率低下の実績は、まさに医療の革命的出来事であった。リスターは一八六九年にグラスゴーからエディンバラ大学に戻って病気の細菌説を展開し、化膿防止外科手術法の研究で世界的な名声を博した。

それから六年後の一八七五年に、リスターの教え子ウィリアム・マキューインがグラスゴー王立病院に後任の外科部長として就任した。マキューインはリスターの業績を継承し、さらに発展させた。外科手術の研究棟をつくり、手術時には滅菌した白衣を羽織って感染症を防いだ。また、彼は変形性股関節症の矯正手術に成功した。

レベッカ・ストロングの合理的な看護師教育

マキューインがグラスゴー王立病院の医療の改善を行っていた一八七九年に、レベッカ・ストロングが当病院の看護師長として就任した。彼女はナイチンゲール看護師訓練学校を一八六八年に卒業して、ダンディー王立病院の看護師長を経ていた。

ストロングは一八四三年、ロンドンのアルドゲイトに生まれ、一八六三年に結婚したが、子供が一歳の時に未亡人になってしまった。生活のために看護師を目指し、一八六七年、ナイチンゲール看護師訓練学校に入学した。

学校内に揃えられていた図書から古代医学や「解剖学」などの専門書を借り、自学自習したとされている。さらに、「生命化学」を選択し、自ら専門書を購入して学んだ。それにとどまらず、ラテン語で書かれた薬瓶の表示と指示書が正確に読めるようラテン語も勉強した。ラテン語に関しては、ナイチンゲール自身も父ウィリアムから学んで習得しており、推測ではあるが、訓練学校の図書室にラテン語の自習書を揃えていたのかもしれない。

ストロングはまた、聖トマス病院常勤保健医療責任者のリチャード・ホイットフィールド医師から熱の計測の仕方やカルテの書き方を習い、臨床記録の添削も受けていた。

一八六八年に、ナイチンゲールの推薦を受けて、彼女はウィンチェスター病院に赴任したが、その後一八七四年には、スコットランドのダンディー王立病院の看護師長に就任した。当病院の医療管理者シンクレア医師は看護師訓練学校を病院内に設立して、近代医学に適応できる看護師の育成を考えていた。彼女の就任を待っていたかのように、彼女に看護学校の設立の協力を求めたのである。ストロングはナイチンゲールから受けた看護師教育を今度は実施する立場で継続することになったことを誇りに思い、協力することになった。しかし、シンクレア医師の看護師教育の基本はストロングの意に反して、臨床教育に重点が置かれていて、医療や看護に関する基本的な知識の教育は疎かにされていた。

当時、医学と医療の進歩は目覚ましいものがあったが、対照的に看護教育は疎かにされる傾向にあり、医学の知識が断片的であったり、医療の合間に授けられたりするに過ぎなかった。そのように行われる看護教育は看護師個人の能力や勤勉さによって差を生んでいた。ところが、知識に差があっても、看護師として同じ仕事に就いていた。ストロングはそのような現実を放っておくことはできないと強く感じていたが、シンクレア医師の配下にあって如何ともし難かったのである。

ストロングに看護教育の新しい道が開けたのは、一八七九年のことであった。彼女は、外科手術と感染症予防でイギリスでは非常に高い水準を誇っていたグラスゴー王立病院の看護師長に任命されたのである。グラスゴー王立病院の外科は、リスター医師のすぐれた実績を後輩のマキューイン医師が受け継いでいた。

ストロングが就任する以前のグラスゴー王立病院の看護師は、まだ病人の付き添い婦の域を出てはいなかった。看護師の多くが病気に対する知識が無いばかりか、身体の部位を示す専門用語および診察や手術に使用される器具などの名称すら知らない者もいた。しかも、ストロングが看護師長として、医療の基本的な知識を教えようとしたが、反対に看護師たちの反発にあい、拒否されてしまう始末であった。

一八八五年、ストロングはマキューイン医師の協力を得て、看護師の低い意識を刷新するために、訓練学校設立の計画を立てた。

彼女はしばらく看護師長職を離れ、看護師のための私設の寮（「ホーム」）を創設した。彼女は自ら「ホーム」の管理人となり、見習い看護師や若い看護師たちと交流し、彼女たちから様々な情報を収集しながら、医療が進歩した時代に合った看護師訓練学校の設立を目指した。そして、「ホーム」の試みに自信を得て、女性が自立して学べる新しい看護師訓練学校の設立に踏み出す決意をするに至ったのである。

ストロングの「ホーム」については、ナイチンゲールの学寮（ホーム）とは名称が同じであるが、その内容はまったく異なっていた。ナイチンゲールは、病院に隣接する場所に見習い看護師専用の寮である「ホーム」をつくり、「シスター」という寮監にあたる人物を任命していた。そして、その「シスター」には看護師長かそれ相応の地位にある人物が選ばれ、見習い看護師や訓練生の生活面の監督から授業や臨床実習のレポート作成の評価、さらに補習に至るまで請け負わなければならなかった。要するに、学校および病院と学寮（ホーム）は一体であった。

それに対してストロングが創設した「ホーム」は、病院から切り離されて、入寮者の生活そのものは自己管理責任を原則にして運営された。また、ナイチンゲールが訓練生から取っていなかった寮費は、ストロングの場合、訓練生であっても入寮者が自分で負担しなければならなかった。ストロングは「ホーム」において、訓練生に自立心を養わせる試みを実行しようとしていたのである。

一八九一年、ストロングは再び王立病院の看護師長に返り咲いた。私設の「ホーム」で寮監をしながら五年間模索し、計画してきた看護師訓練学校の構想を実行に移す時が来た。マキューイン医師らの協力を得て、病院とは離れた場所に「看護師準備訓練学校」を設立したのである。

彼女が実施した訓練学校の制度は、ナイチンゲールが実施していた制度とはまったく違っていた。ストロングはまず初めに、看護師の無知をなくすために、文法、作文、語のつづり、算数などの基礎学力を試す入学試験を行った。そして、試験に合格した訓練生には、授業料と宿舎の費用の負担を義務付けたのである。授業料は、第一学期が二ギニー（今日の日本円で約五万円相当）、第二学期が三ギニーであった。

「看護師準備訓練学校」の教育期間は三カ月で、その前半の第一学期は六週間で医療の基本的知識を集中的に学ぶという課程であった。訓練生は「生理学」、「解剖学」、「衛生学」の講義に集中した。学期末に各科目の試験に合格した者のみが後半の第二学期に進むことができた。後半の課程の四週間では、外科と内科の実習、医学関連の講義、看護の実践そして料理法などを習得した。医学関連の科目の指導に関しては、グラスゴー王立病院の聖マンゴー医学校の権威ある医師が担当し、看護関連はストロング自身が担当した。

基礎科目で注目に値するのは「衛生学」である。手術後の患者の感染症予防に必要な術後処置や消毒、そして保健衛生の指導など、看護の領域は格段に拡大された。学業の負担は大きくなったことが容易に想像できる。

訓練生は全課程を終えて最終試験に合格すると、グラスゴー王立病院の見習い看護師として訓練を受けた。見習い期間が修了すると、正規の看護師として病院で働くことになった。

さらに、ストロングはナイチンゲールが考えていなかった看護師の職位の制度化を施行した。それはグラスゴー王立病院の内に限られたことであったが、一般看護師の上位に専門看護師という職位を考え、一般看護師から専門看護師への昇格の道を開いたのである。

そしてストロングは、医師の資格を認定している「イギリス医師協会」に匹敵する看護師の資格を認定する「イギリス看護協会」の設立にも積極的に働きかけた。さらに、「王立イギリス看護協会（RBNA）」が一般看護師を認定する「国家試験」を設定し、合格者を「認定看護師（RN）」として登録する運動にも協力した。

一九〇七年、彼女はグラスゴー王立病院を退職したが、十年後にはグラスゴー看護師クラブを設立した。また、「国際看護師協会」にも関心を持ち、世界各地で開かれた会議に出席した。

第五章　ナイチンゲールの危惧と提言

医学の急速な進歩と看護職

十九世紀半ば、麻酔が盛んに使われるようになったが、その成果は手術ばかりでなく、出産にも及ぶようになった。

その効果を世に知らしめたのは、ヴィクトリア女王の出産であった。ヴィクトリア女王の第四王子出産に際して、スコットランドの産科医ジェームス・シンプソンは麻酔専門医ジョン・スノーにクロロホルム麻酔を依頼し、見事に無痛分娩を成功させた。この成功によってシンプソンとスノーの名声ばかりでなく、麻酔の効果もがイギリス国中に広まったのである。

ユルゲン・トールヴァルドの『外科医の世紀 近代医学のあけぼの』によると、当時のロンドンの社交界の貴婦人たちは、ジョン・スノーにクロロホルム麻酔をかけてもらい、無痛分娩でお産することを望んだということである。

しかし、トールヴァルドはその著書において、ロンドン市民の医学の発展に対する意識が決して一枚岩ではなかったことを次のように書いている。

クロロホルム麻酔のもとで誕生した王子が血友病で、「出血しやすい体質」であることを疑った者は、まだ一人もいなかった。もしこの時、このことが知られていたら、シンプソンの敵は、この遺伝性の疾患を、麻酔の使用のせいにするのに躊躇しなかったであろうし、自然の出産の過程にこのような科学が侵入したことに対する神の怒りの啓示、と解釈したことであろう(94)。

このトールヴァルドの指摘は非常に興味深い。というのは、その指摘が示すとおり、ヴィクトリア女王時代のロンドン市民の意識構造には、医学の進歩を安易に受け入れる風潮がある一方、頑なに保守的な宗教的道義に固執して、医学を拒絶しようとする矛盾が内在していたことを窺い知ることができるからである。医学の進歩を拍手でもって迎え入れる一方で、少しでも欠陥が見つかると宗教的道義心を持ち出して「神の怒りの啓示」だとか、倫理に背いているとかと言って非難する。十九世紀中頃、それこそ中流より上の階級が抱いていた中心的意識であった。

労働者はそういった屈折した意識とは無縁であった。彼らは中流以上の階級の人々とはまったく異なる価値観を抱いていたからである。労働者の多くは、ナイチンゲールが危惧していたことであるが、社会主義を抱くようになって教会離れしていた。彼らは聖書に語られている神と人間で織り成される非科学的歴史観を捨て去り、実証主義的歴史観の中で生きていたのである。伝統のように継続されてきた社会通念は彼らには無関係であった。彼らは自ら体を張って働き、生産に関与してそれによって賃金を得て、生活を維持していく、それが彼らにはすべてであった。家系や所属する宗派とは無関係に、少しでも高い所得を得ることだけが彼らの生活を豊かにする秘訣であった。労働者は団結し、様々な社会保障を要求した。幸福の度合いも収入の良し悪しによって測られた。

労働者が生活を維持していくうえで最も大切なものは、労働を維持していく自分の「体」であった。健康体を保つことができなければ即生活は貧困状態になり、一家の大黒柱が病気に臥せてしまうことがあれば、家族はたちまち不幸に陥ってしまった。市民病院は労働者が健康体を保つうえで唯一の拠り所であり、生活維持に絶対不可欠であった。

病院は労働者の健康を守る重要な使命を担うようになった。労働者階級の台頭に合わせるように、病棟を建て増しして、診療科を増設した。そうした状況の中で、市民病院ではより多くの質の良い専門医師の育成が求められるようになったのである。

ロンドンに限らずイギリス全土の産業都市につくられていた王立病院に外科が増設され、大学と連携する医学校が創設された。ロンドンではロンドン・キングスカレッジとガイ病院や聖トマス病院が保健医療協働体制を確立した。スコットランドではエディンバラ大学が隣接していたエディンバラ王立病院やグラスゴー王立病院などと連携して医師の育成をした。

ロンドンのほとんどの市民病院が独自に医学校をつくり専門医師や医療研究者を育成するようになり、医療の専門化が進み、様々な個性的な専門病院や病棟ができていった。

ミドルセックス病院に癌病棟が建設されて、癌治療の研究がなされるようになったのは十八世紀末のことであった。この病院は一八五四年に「コレラ」がロンドンの市街地で流行した際、コレラ患者を緊急にかつ積極的に受け入れた。ナイチンゲールはスクタリ軍事病院に向かう直前に、そのミドルセックス病院へ看護の応援に参加したことがあった。

一八〇五年には、王立ロンドン眼科病院ができ、眼病の研究がなされた。外科手術の助手として、ナイチンゲールの才能を認めたボーマン博士は、当病院の眼病専門医師であった。

一八五一年には世界最初の癌専門病院である王立マーズデン病院や、ロンドン小児科病院が創設された。その小児科病院ができるまで十歳以下の子供は病院に受け入れてもらえなかったが、疫病を除く病気の子供の入院が可能になった。

ガイ病院は循環器治療ばかりでなく精神医学などでも成果をあげた。

ユニバーシティ・カレッジ病院では一八八四年に脳腫瘍摘出手術、一八八七年には脊髄腫瘍摘出手術に成功し、さらに心臓の電気反応を発見した。

女性にも医師への道が、わずかではあるが開かれるようになった。イギリス出身でナイチンゲールの友人でもあったエリザベス・ブラックウェルは、一八六八年にニューヨークに女子医学校を設立したが、翌一八六九年にはロンドンに渡ってロンドン女子医学校設立に協力した。

一八七七年にはロンドンの王立フリー病院にヴィクトリア女王の支援によって、女性にも臨床医師の道が開かれた。一八七八年にはロンドン大学が女性にも医師の資格を与えるようになった。しかし、ケンブリッジ大学やオックスフォード大学など最も伝統と権威のある大学では、女性への開放は第一次世界大戦後の一九二〇年まで待たねばならなかった。

そうした進歩にもかかわらず、イギリスの階級意識と性差別による女性への偏見は伝統的に深く根付いていて、一般的に女性の高等教育への門戸の開放は遅れていた。

社会的偏見は女性の職業そのものにもあったが、看護師という職業そのものに対しては特に根深かった。看護師といえば下層の下品な患者の世話をする一方、飲酒と卑しい行為に明け暮れる存在と見なされていた。中流階級以上の婦人に社会が求めていたものは教養と気品であり、慎みと情け深さであった。したがって、婦人は慈善から貧しい人々に情けをかけ、奉仕することはあった。しかし、看護を職業とすることはあり得なかったし、あってはならないことであった。

メアリー・ジョーンズの「聖ヨハネの家」女子修道会は慈善活動に目覚めた信仰深い婦人の会であったが、キングスカレッジ病院で看護師訓練を受け、同病院の看護を受け持っていた。しかし、メアリー・ジョーンズ亡き後は、彼女たちに課せられた仕事は雑役婦や掃除婦と変わらないものになったとされている。その原因は医師の意識にあった。医師たちの多くは看護師を病院付きの家政婦ぐらいにしか考えていなかったということである。

医学が進歩し、市民病院が拡充されていく時代を迎えていたにもかかわらず、看護職は世間一般に患者の世話をするだけの肉体労働と見なされる傾向にあり、医学に相応する訓練を受けるには値しない職業とされ続けていた。実際、貧しい家庭の女子や労働者階級の未亡人などが就くことのできる手っ取り早い職業であることには変わりはなかったのである。

一八六一年には二万七〇〇〇人を超える看護師が病院で働いていたが、国勢調査での職業種欄には「内職」となっていたということである。すなわち、看護師は正式な職業として認められていなかったのであるが、時間の経過とともに、ナイチンゲール自身の功績や市民病院に派遣されたナイチンゲール看護師訓練学校の出身者たちの努力もあって、看護職は次第に高い評価を受けるようになっていた。しかし、それは一部のことであるにすぎなかったのである。実際には、一般に容認され、病院で専門職として相応しい地位を得るまでには、まだまだ長い紆余曲折を経なければならなかったのである。

資格認定登録をめぐる対立

グラスゴー王立病院でレベッカ・ストロングが、現代にも通じる斬新的な看護師教育を制度化しようとしていた一八九〇年頃、ロンドンでは、資格認定制度をめぐって看護界を二分する大騒動が巻き起こっていた。看護界の一部の有力者が看護の共通の問題を論じる看護師団体を立ち上げた。そして、その団体が看護師の資格を公的な認可制にする運動を起こしたのである。

医師界に関しては、一八三二年に「イギリス医師協会」が発足し、資格認可制をすでに発足させていた。そして、市民病院や大学病院などに医学校が設立され、優れた医師を輩出するようになって、すでに六十年が経とうとしていた。一方、看護界では、正規の看護師訓練学校をナイチンゲールが発足させて以来三十年近くが経ってようやく、近代医学に適応する看護師を育成する学校ができ、資格認可制を求める要望が市民病院に出始めたのである。

看護界のリーダーであったナイチンゲールは自己の基金を使って、すでに医師協会に対応する看護師の「病院協会」を設立していたが、その協会の委員の中に、医師会の資格認可制に倣って看護師資格認定制度の設立を求める動きが起きた。そして、看護師の実情を鑑みて一部の委員が強固に動き始めたのである。資格認定に関して「病院協会」内部に賛否両論が急速に高まった。

協会の設立者であるナイチンゲールは、看護に関しては歴史が浅すぎて時期尚早であると判断し、第三者による資格認定制度には断固反対した。しかし、制度化賛成の意見は看護界で非常に有力な看護師たちの支持を得て、結局、協会内部の委員会は分裂してしまった。賛成派は新たな協会を立ち上げる運動を起こしたのである。

一八八六年、新たに「看護協会」が発足することになった。その協会の目的は、全国看護師登録名簿作成の権限を獲得して、看護師の国家認定試験を実施することであった。そうすることによって、「看護協会」は、病院の看護師が一定水準以上の技術を保持できると考えた。「医師協会」の医師資格認可制から遅れること約半世紀、ようやく看護資格認定制度を目指すことになったのである。そして、一八八七年に、フェンウィック夫人を中心とする看護師の団体組織「イギリス看護協会（BNA）」が正式に発足したのである。

フェンウィック夫人はスコットランド生まれで、結婚する前の名前はエセル・マンソンで、ノッティンガム小児病院やマンチェスター王立病院などで看護に従事し、二十四歳の若さで、イギリスで最古の歴史を誇る聖バーソロミュー病院（一一二三年開設）の看護師長になった。彼女は看護師育成の改革を行い、看護師教育期間を二年から三年に延ばした。三十歳でロンドン病院の医師ベッドフォード・フェンウィックと結婚して現役を退いた。それからは看護師の資格認定制度の確立と科学的な看護技術向上を目指して、看護師教育の改革運動を展開していた。

一八八七年、看護師認定試験と国家資格登録制度を提唱する「イギリス看護協会」は、女王の勅令を得て、早急に実施しようとした。それに対してナイチンゲールは、病院の看護師長や行政の有力者を味方につけて国家資格反対運動を展開した。ナイチンゲールの反論は激しかった。

この対立に秘められた問題は、今日改めて考えるならば、単に資格認定制度の賛否にとどまるものではなく、看護師教育のあり方を再考、再認識させるものでもあった。

一八八八年、ナイチンゲールの息のかかった「病院協会」は新たな委員会を設置し、イギリス各地の看護師訓練学校の指導者に対して、看護師国家資格認定制度に関する賛否を求めた。ナイチンゲール看護師訓練学校の出身者の指導者たちは、ほとんどが「否」と答えた。

しかし、フェンウィック夫人や聖バーソロミュー病院の現役の看護師長エズラ・スチュアートを中心とする「イギリス看護協会」は、ナイチンゲールに対抗して、医師や看護師の有力者だけでなく、ヴィクトリア女王の第三女クリスチャン王女を総裁に取り込んで、女王の勅許を求める陳情運動を展開したのである。

そして、ストロングがグラスゴーに「看護師準備訓練学校」を発足した一八九一年に、「イギリス看護協会」はイギリス商務局に法人登記を申請し、協会の「定款」を正式に提出したのである。そして、「王立イギリス看護協会（ＲＢＮＡ）」の名称が許された。その主たる目的は「訓練を受けた看護師の登録簿の作成と、登録のために随時審査を行う権限の獲得[95]」であった。

エドワード・クックによると、「王立イギリス看護協会」の具体的な目的は以下の通りである。[96]

1　イギリスのすべての有資格看護師を、公認された専門職に従事する女性として統合する。
2　組織的な訓練を受けた証拠として、内科医と外科医がよしとする条件において登録させる。
3　専門職としての看護をあらゆる意味で発展させるために互いに助け合い、保護し合うために結合させる。
4　そうした目的を達成するために勅許状を獲得して協会を法人化し、登録制度を実施する権限を与える。

ナイチンゲールは「王立イギリス看護協会」の発足そのものに反対していたが、以上の列記された四項目のうちで、特に2と4に関して断固反対し、激しい反対運動を展開した。

項目2の「内科医と外科医がよしとする条件」は、聖トマス病院に看護師訓練学校を創設し、最初の看護の教科書ともいえる『看護覚え書』を世に出し、看護師の職域を明らかにしたナイチンゲールにとって、認め難いことであった。

ナイチンゲールは、そもそも国家資格認定実施権限を有する者は誰か？と問題を提起した。

ナイチンゲールは一八九三年に『病人の看護と健康を守る看護』（『ナイチンゲール著作集　第二巻』）を表して「治療」と「看護」の違いを明確にして、医師と看護師の職区分をしている。その職区分は看護職者ナイチンゲールの信念であった。そして、看護師教育と資格認定の全責任は豊かな看護経験をもつ看護師自身が負うべきものであると強調した。したがって、看護師としての資格認定を「よしとする」のは医師ではなく看護師自身でなければならなかったのである。

また、項目4に関しては、ナイチンゲールは看護師のあり方の根幹に関わる問題として、論文や書簡において提起し、反対運動を展開した。

ナイチンゲールにとって、看護師教育の全責任を負うのは経験豊かな看護師であって、医師や役人であってはならなかった。彼らは表面的で一面的な評価しか下せない存在でしかなかった。また、資格登録希望者名簿や試験結果からだけでは、人格や生活態度まで読み取ることはできないが、生活を共にし、実際に評価していた看護師長や先輩看護師であれば明らかに判別できると、ナイチンゲールは強調したのである。

要するに、ナイチンゲールの主張する資格認定とは、ナイチンゲール自身あるいはそれ相応の経験を積み、ナイチンゲール自身が適任と認めることのできる看護師だけが認定できるものであった。

ナイチンゲール看護師訓練学校の出身の精鋭たちは聖トマス病院以外の国内外の大市民病院に職を得て、若手看護師を指導をする任務を負っていた。しかし、新たな出身者の数は年々減少する傾向にあった。ナイチンゲールの指導力や影響力は徐々に衰退していたと考えることができるかもしれない。時代と共に進化し、移り行く医療の世界にあって、それは如何ともし難い現実であり、時代の流れでもあった。ナイチンゲールの教えに背いたとはいえ、ストロングは時代というものを正確に把握していたと言えるかもしれない。

ナイチンゲールの看護師国家認定登録制度に対する時期尚早であるという反論は、病院の置かれている流動的な現実を無視した一方的な理想論に傾いていたと言えるかもしれない。

外科が急速に進歩し、病棟が拡張されたが、それに合わせて看護師の需要は急増した。しかも、手術の回数の増加は医師ばかりでなく、看護師の仕事量と責任を大幅に増やした。昼夜を問わぬ病棟の患者への対応や、感染症予防に対する知識や対応処置に、それまで以上の精度が求められるようになっていたのである。

こうした状況にありながらも、看護師の採用基準は各病院に任されていた。医師の育成は大学や病院に付属の医学校でなされたが、看護師の育成に関しては大学や医学校のように制度化された高等教育機関は存在してはいなかった。ナイチンゲールや彼女の弟子がつくった看護師訓練学校や、聖バーソロミュー病院など歴史のある病院の訓練学校は高い水準を保っていたが、そうした学校での訓練を受けていなくても、病院の大型化に伴い、体力のある若い一般女性が適当な見習い期間を経て看護師として採用されていたのである。

病院が質の良い技能専門職者として看護師を雇用したくても、現実の問題として難しい面があった。国家あるいはそれ相応の権威を持った協会が看護師認定登録を制度化し、病院がそれを利用して人選できるようになれば、これほど理に適ったことはなかったはずである。

そうしたことを熟知しているはずのナイチンゲールが、新聞紙上で反論のための反論を繰り返し、水掛け論を展開し続けた。結局、枢密院顧問官の評決によって、対立の解決が諮られることになったのである。

枢密顧問官たちは実際にはどちらにも加担しない中立的立場に立って、「王立イギリス看護協会」への「勅許状」の下賜を認めた。その内容は、看護師として「氏名記録の申請をした者の名簿を保管する権限」を認めただけで、「認定登録看護師」という名称を使う権限は認められなかった。その骨抜きに近い「勅許状」であっても、看護識者の社会的地位の確立に一役買ったことに間違いなかった。ともあれ看護師国家認定登録制度をめぐる五年の長い闘いは一応それで終結したのである。

「王立イギリス看護協会」による国家資格認定制度は完全には実現しなかったが、その完全実施は一九一九年に実現した。

ナイチンゲールの看護実践の理念

一八八八年、ナイチンゲールは若き看護師に宛てた書簡の中で、次のように書いている。

看護婦や助産婦を育てるのは免許ではありません。それは彼女たちを《駄目》にするかもしれないのです。危険なことは、彼女たちが免許証に已れを《肩代わり》させて、女性として看護婦としてやむことなく成長し続ける《代わりに》、免許を取るまででとまってしまいはしないか、ということなのです。（中略）試験によって検定することのできないものまでを、試験が侵すことだけは、決して許してはならないのです。そして何よりも、看護婦としての生活の中においては、「試験の時代」とともに、《実践》の「時代」をも保ち続けさせることです。実践の時代の中でこそ、私たちは、已れの成長と正確な知識をもたらすために与えられた素材を通して、個人の思考や実践や人格や信頼性を発展させることができるのです。なぜなら、看護婦としての生活は、何にもまして、精神的かつ実践的な生活であり、人に見せびらかす生活ではなく、誠実な行動の生活であるからです。[97]

資格試験に合格すれば、それで看護師という目的に到達し、それだけで一人前の看護師であると思ってしまう風潮が一般化してしまう。ナイチンゲールはそうなることを最も心配していた。看護師資格を取ることを目的に看護師訓練学校に入り、一定期間の学習と実習で資格試験を受ける。一度の試験合格で職業人として認められ、給料を得るようになる。看護職労働者として一家の財政を助ける。そうした社会一般の労働者意識が看護職に根付いていくとするならば、ナイチンゲールが最も危惧していた「試験の時代」の到来なのである。

ナイチンゲールにとって、試験に合格することは最終目的ではない。看護職有資格者になるということは、看護を《実践》していく、まさにその出発点に立ったということにすぎないのである。看護師は《実践》において成長し、知識をより正確なものにしていかねばならない。自ら思考し、人格を高め、病人から信頼を得ることができるように、日々努力し精進しなければならないのである。

『病人の看護と健康を守る看護』の中で、ナイチンゲールは次のように書いている。

私は看護の歴史が三十年を過ぎたばかりですが、すでに大きな危機感を抱いています。その危機感のひとつは看護への情熱もないのに、今好みの時流に乗って看護婦になるということです。またもうひとつの危機感は、女性は労賃だけで生きているのではないのに、金銭だけが目的で看護婦になるということです。(98)

ナイチンゲールが危惧していたのは、看護職に就くことが目的となることばかりではなかった。金銭を得るための手段となることも大変に危惧するところであった。看護職とは日々新たにされる弛まぬ進歩と《実践》であり、それらを誠実に遂行していく「人格的資質」と「精神性」を養うことであった。金銭が目的になると自ずと目標を誤りかねないのである。

セシル・ウーダム＝スミスによると、ナイチンゲールの力説するところは、看護とは生きた肉体と精神とをいたわる仕事であって、看護師は「技術的熟練」だけでなく「人格的資質」を兼ね備えていなければならないのである。

膨張する近代産業社会の中で、労働者階級の台頭とともに看護職の大衆化は進み、世俗化への道を歩んだ。ナイチンゲールが看護師教育で最も重要と考えていたのは《実践》であり、努力する「人格的資質」の育成であった。しかし、その教育理念は確実に疎んじられ始めていたのである。

「人格的資質」は看護《実践》の核となるものであり、それによって、知識はよりよく身について相乗的に統合され、技術は高められて熟達する。かけがえのない患者の生命に絶えず向き合う看護師には、まず患者に真摯に向き合う姿勢が求められる。そして、患者は何を求めているのか、何が最優先されるべきなのか、自分で判断し、最善を尽くさねばならない。こうした姿勢と努力を持続させていく原動力はまさに「人格」であり、その過程において知識は生かされ、技術は高められていく。看護師が看護職者たる理由はそこにあるのである。

ナイチンゲールは二十歳代の頃、看護師になることを断固反対した両親の目を避けて、独学で公衆衛生学や統計学を勉強し、クリミア戦争時はスクタリ軍事病院で環境衛生の改善を行い、感染症による患者の死亡率を下げることができた。また、軍事病院の患者の記録を残し、統計学から院内の死亡者全体の病気による死亡の割合を図表（鶏頭図）で明らかにした。さらに当時の疫病感染の主流学説であった「瘴気説」を病院看護の改革に展開させ、『看護覚え書』や『病院覚え書』を出版した。これらの成果は、ナイチンゲールが絶えず《実践》を念頭に行動してきた結果として生み出されたものなのである。

しかも、そうしたナイチンゲールの《実践》を背景となって支えたものは、まさに「病院（ホスピタル）」の語源に存在していた意味そのものであった。

スノードン編『ロンドン事典』によると、「病院（ホスピタル）」の語源は「ホスピタルとはホスピタリティ、すなわち貧しい人々の『休息所』という意味を含んでおり、中世のころはホスピスと同義で、また貧乏人や老人、身体の不自由な人々に対する慈善施設を意味していた(99)」のである。

さらに、次のように書かれている。

今日的意味で病院と呼べるものが次々と登場するのは、ようやく十八世紀になってからである。それまで病人は家庭で家族の看護を受けていた。病気は専門的な治療を必要とするものだとは考えられていなかった。神が苦痛を取り除いてくれるよう、ただ祈るだけであった。（中略）身寄りのない病人は施設に頼らざるをえなかった。したがって、初期の病院は貧しい人々の治療と看護の場だったのである。病人を世話する施設として存在したのは、慈善病院（慈善行為に支えられ、経費を寄付金でまかなっている病院）と救貧院であった。（中略）病人の治療のために慈善施設を建設するという考え方が十八世紀になって広がったのは、病気を受難とか神罰などと結びつける考え方から、医学によって克服しうるものだという考え方に変わってきたからである。

「病院（ホスピタル）」の歴史はキリストに倣う姿勢から生まれ、慈善事業としてその姿を時代と共に変えてきたが、本質は生き続けてきたのである。その歴史と同様に、ナイチンゲールの看護に対する信念は、イエス・キリストの教えと行いに倣うことを忘れずに患者と向き合いながら、科学的医療のあり方を自ら考えていく姿勢を生涯を通して《実践》することであった。

ナイチンゲールが常に思い起こし、大切にしてきたものがあった。それは《神の召命》であった。十七歳の時、天から聞こえたとされている「貧しい人々のために働きなさい」という神の声を思い起こし、それに応える道を模索し続けた結果、辿り着いたのが看護であった。

見習い看護師へ宛てた書簡において、彼女は「病院」を「神の国」に喩え、病院の管理者や先輩の言うことよりも、自ら神の命に従う者になるように説いた。すなわち、患者の声を聴いて自らその患者のために何が為し得るかを第一に考えるように説いた。

ナイチンゲールにとって看護とは、患者のために何が為し得るかを自らが問い、その解決策を自らの力で見つけ出し、《実践》する、まさにその過程そのものであった。看護の知識も訓練もそのためのものであった。

彼女の言う《実践》の原点はまさに、一八七二年に見習い看護師に宛てた書簡の冒頭において彼女が書いた「自分のことを『私はいまや『完全』なそして『熟練』した看護師であって、学ぶべきことはすべて学び終えた』と思っているような女性は」、「すでに退歩して《しまって》いるのです[100]」という厳しい言葉にすべてが語られているのであり、その姿勢こそが看護師の資質として教育されねばならないことであった。《実践》過程には終わりはなく、〈絶え間ない闘い〉のみがそこにあった。

神から授った使命すなわち天職として看護職を果たすべく、ナイチンゲールは自己の信念に基づいて、《実践》を説いたのである。そして、看護と看護師教育を自ら《実践》し続けたのである。彼女の教え子には自分の歩んだ絶え間ない《実践》に倣って日々新たなる道を歩み続けるように言い残したのである。

闘った仲間たち

フロレンス・ナイチンゲールの生涯を振り返ると、それは〈闘い〉の連続であった。

その〈闘い〉については、拙著では、第一部としてナイチンゲール家の次女フロレンス時代の〈闘い〉を論じ、第二部では完全に公人として世界的に認知された近代看護の確立者ナイチンゲールの〈闘い〉を論じた。

第一部の〈闘い〉は孤独であった。ナイチンゲール家の才能豊かな魅力に富んだ次女フロレンスは社交界の花となり、上流階級の若い男性たちを虜にした。また、貧しい村人たちを見舞い、心優しい救世主のように感謝された。しかしその半面、信仰からではなく、上流階級と交際するためにイギリス国教会の教会に通い、夜な夜な宴会を開く母親に激しく反抗するようになり、自己の夢想の中に現実とは無縁の仮想世界を創り、その中に埋没するようになってしまう。

家族から変人扱いされ、親友が遠ざかっていった。そんな苦境の最中、彼女に生きる励みを与え、支えとなったのは聖書に支えられて生きた祖母メアリーであり、メイ叔母であった。さらに、信念をもって自己の人生を切り開いたエリザベス・ブラックウェルやハウ夫妻であり、ディーコネス学園の機関誌を送ってくれたブンゼン男爵であり、クリミア戦争で戦時大臣として支えてくれたシドニー・ハーバートであり、信仰深いブレースブリッジ夫妻などであった。それらの人々は社会通念や因襲に囚われることなく、常識に反することがあったとしても、また、孤独になったとしても、信念を貫いて生きた。その一人ひとりがフロレンスの心の中に刻まれて生き続け、勇気づけてくれ、支えてくれた仲間たちである。

第二部の〈闘い〉はクリミア戦争以後、看護師の模範となる理想像として世界にナイチンゲールの名を轟かせてから始まった。

彼女はむしろ、その高い名声を嫌うかのように、ハーバートらの忠告をも受け入れることなく、軍部の欺瞞を世に暴露した。虚偽と欺瞞に満ちた軍部や陸軍病院のあり方に決然と立ち向かったのである。

看護師訓練学校を創設した後も、ブルセラ症という謎の回帰性の病魔に苦しめられながら、自己の信念に基づく看護師の育成を貫いた。

また、ナイチンゲールは、看護師が社会主義の影響を受け、教会を離れ、労働者階級意識を抱くようになることを危惧した。さらにまた、国家資格試験実施に対して、看護師資格が看護教育の目的となってしまうのではないかという危機感を抱き、頑として反対し続けた。そして看護師には到達点など存在しないということをベッドの上から見習い看護師に書簡で訴え続け、その一方では、教え子の看護師教育のあり方などに対して意見を書き続けたのである。

信念を貫いて生きる彼女は孤独ではあったが、彼女の闘いの良き理解者や友人となって彼女を支えた仲間と呼ぶことのできる人々は確実に存在していた。

具体的にその仲間たちの名をあげるとすれば以下の通りである。貧しい病人のために彼女と協働して地域看護を立ち上げたウィリアム・ラスボーンや、その後継者フロレンス・リーズ、救貧院病院の看護に命を捧げたアグネス・ジョーンズ、隔離病棟を廃止し、市民の公衆衛生に対する意識改善に努力したエドウィン・チャドウィック、軍部の欺瞞との対決に力になってくれた医療統計学者ウィリアム・ファー、絶えず彼女の側にいて、主治医として温和な姿勢で彼女を支え続けたジョン・サザランド博士、衛生調査委員のジョン・マクニール、誰よりも早く彼女の才能を認めたボーマン博士などの他、看護師教育に実績を残したレイチェル・ウィリアムズやレベッカ・ストロング、看護の原点である奉仕の精神を貫いたアンジェリーク・プリングルといった弟子たち、さらに、「バーモンジー慈悲の女子修道会」の修道院長メアリー・ムーアや、ナイチンゲールの良き先輩であったエリザベス・フライやメアリー・ジョーンズ、そして、父ウィリアムである。

医療や看護に限らず公衆衛生やキリスト教信仰のあり方に至るまで、十九世紀イギリスの様々な分野で世を改善しようと努めた人々、ナイチンゲールはそうした人々の頂点に立ち、先頭を歩き続けていたと言えるのではないだろうか。

アンティオークの聖マーガレット教会の墓碑

ナイチンゲールの健康は八十歳を過ぎると衰えが目立ってきた。まず、視力の衰えが顕著になり、読み書きが非常に困難になってきた。記憶力も衰えていった。

一九〇〇年に、ナイチンゲールは八十歳の誕生日を迎えた。クリミア戦争でナイチンゲールに救われた旧兵士や彼女に励まされた看護師たち、さらにはシカゴ万博で公表されたナイチンゲールの論文に感動したアメリカ合衆国の看護師たち、さらにまたナイチンゲールの功績を知る世界中の多くの人々からのお祝いが、サウス・ストリートの彼女のもとに届いた。それらは、ナイチンゲールの偉業と名声が世界中の人々の心の中に生き、揺るぎないものとなったことを証《あかし》していた。

一九〇七年、ナイチンゲールは保健医療福祉への功績が称えられ、国王から「メリット勲章」が授けられることになった。しかし、彼女は部屋から出ることができなかったので、国王の使いが勲章を持って来ることになった。ナイチンゲール家の最後の親族となったルイーズ・ショア・ナイチンゲールが使いの者を出迎え、勲章を受け取った。一九〇九年には意識が薄らぎ、一九一〇年八月十三日午後二時に眠るように亡くなった。

亡くなったその日のうちに、ナイチンゲールの遺体はロンドンから特別専用列車でハンプシャーのロムジー駅まで運ばれて、専用の馬車に移され、長い葬列を成し、田舎道の木立の間を潜り抜けるようにして、七キロほど離れたイーストウェローの林の中に佇む「アンティオークの聖マーガレット（アンティオキアの聖マルガリータ）教会」の敷地内墓地へと入っていった。狭い沿道には大勢の村人が並んで、涙のうちにナイチンゲールの遺体を迎えた。

イーストウェローはナイチンゲールが初めて母に連れられて慈善奉仕を手伝った村であり、「アンティオークの聖マーガレット教会」の小さなチャペルで、彼女がクリミア戦争から帰って初めて公に姿を現し、戦争の悲惨さとその実態を世に知らしめるべく闘う新たな決意を述べた所縁の場所であった。

ナイチンゲールは最後まで、自分の功績は神から授かった使命を全うしただけのことであり、称えられるのは神であって自分ではないというキリスト教信仰の信念を貫きとおした。数少ない遺族であったルイーズとサミュエルは、偉大な叔母フロレンス・ナイチンゲールの遺言の意を酌み、政府から申し入れがあったロンドンのウェストミンスター大聖堂での国葬を断った。そして、ハンプシャーの片田舎、父ウィリアムと母ファニーが眠る「アンティオークの聖マーガレット教会」の墓地に埋葬を決めたのであった。

ナイチンゲールが生前に愛用していた黒のショールとケープを一緒に納めた棺が墓の中に静かに降ろされて埋葬された。大勢の追悼者たちが記念墓碑の周辺で祈りを捧げ、多くの大きな花束が高々と積み上げられた。偉大な看護師フロレンス・ナイチンゲールは、今もハンプシャーの片田舎の素朴な教会墓地の墓碑の下に静かに眠っている。

注

（1）セシル・ウーダム-スミス著、武山満智子・小南吉彦訳『フローレンス・ナイチンゲールの生涯　上巻』（現代社、一九八三年）五六頁
（2）同右、五七頁
（3）同右、五〇-五一頁
（4）Mark Bostridge, *Florence Nightingale*. Penguin Books, 2008. 四一八-一九頁
（5）同右、三三一-三三頁
（6）スティーヴン・ジョンソン著、矢野真千子訳『感染地図——歴史を変えた未知の病原体』（河出書房新社、二〇〇七年）一一六頁
（7）エドワード・クック著、中村妙子訳『ナイティンゲール〔その生涯と思想〕Ⅰ』（時空出版、一九九三年）五〇頁
（8）前掲（1）、『フローレンス・ナイチンゲールの生涯　上巻』七七頁
（9）同右、六六頁
（10）同右
（11）『聖書』（新共同訳、日本聖書協会、一九九四年）新約三一九-三〇頁
（12）前掲（7）、『ナイティンゲール〔その生涯と思想〕Ⅰ』七二頁
（13）前掲（4）、*Florence Nightingale* 八五-八六頁
（14）前掲（7）、『ナイティンゲール〔その生涯と思想〕Ⅰ』六九頁

(15)『思索への示唆』の原典は *Suggestions for Thought to Searchers after Religious Truth*（真理を探究するイングランドの職工への思索の手引き）であった。しかし、日本語訳として出版されたそれは抄本であって、一九七七年に『思索への示唆（抄）』が『ナイチンゲール著作集 第三巻』に収められた。またペンシルベニア大学から一九九四年に、第一、二巻から合わせて七つの章が抜粋され、さらに注解が付されて、*Suggestions for Thought by Florence Nightingale, Selections and Commentaries* と題され出版された。その日本語訳が小林章夫監訳で二〇〇五年に『真理の探究――抜粋と注解』と題されて出版されている。

(16) ここでの引用は、『ナイチンゲール著作集 第三巻』所収の「思索への示唆（抄）」からではなく、M・D・カラブリア他編著、小林章夫監訳、竹内喜・菱沼裕子・助川尚子訳『真理の探究――抜粋と注解』（うぶすな書院、二〇〇五年）八五頁からである。以後、本論では『思索への示唆』となっている箇所の引用はほとんどが『真理の探究――抜粋と注解』からであることを了承願いたい。

(17) 同右、二五八頁

(18) 湯槇ます監修、薄井坦子他編訳『ナイチンゲール著作集 第三巻』（現代社、一九七七年）に収められている「思索への示唆（抄）㈢カサンドラ」を *Cassandra, with an introduction by Myra Stark*, The Feminist Press, 1979. を参照にして、テキストに使用した。

(19) レイ・ストレイチー著、栗栖美知子・出淵敬子監訳、吉田尚子他訳『イギリス女性運動史 1792-1928』（みすず書房、二〇〇八年）一八頁

(20) 前掲(18)、『ナイチンゲール著作集 第三巻』二〇三頁

(21) 同右、二一七頁

(22) 同右、二一八頁

(23) 同右、二三五頁

(24) 前掲(16)、『真理の探究――抜粋と注解』二五七頁
(25) 前掲(11)、『聖書』新約二九七頁
(26) 湯槇ます監修『ナイチンゲール著作集 第一巻』(現代社、一九七五年)二九―三〇頁(「カイゼルスウェルト学園によせて 一八五一年」)
(27) 前掲(7)、『ナイチンゲール［その生涯と思想］I』一六四―六五頁
(28) 前掲(1)、『フロレンス・ナイチンゲールの生涯 上巻』一二八頁
(29) 前掲(4)、*Florence Nightingale* 一五三頁
(30) ブラックウェルの履歴と実績に関しては、Trina Robbins, *Elizabeth Blackwell, America's First Woman Doctor.* Capstone Press, 2007 に拠っている。
(31) 前掲(6)『感染地図――歴史を変えた未知の病原体』四〇―四六頁
(32) ヘンリー・メイヒュー著、松村昌家・新野緑編訳『ヴィクトリア朝ロンドンの下層社会』(ミネルヴァ書房、二〇〇九年)四―五頁
(33) 同右、一二一―一三頁
(34) エディンバラ大学の医学者に関しては、アーサー・ハーマン著、篠原久監訳、守田道夫訳『近代を創ったスコットランド人――啓蒙思想のグローバルな展開』(昭和堂、二〇一二年)に拠っている。
(35) 塚田理著『イングランドの宗教――アングリカニズムの歴史とその特質』(教文社、二〇〇六年)三一九頁
(36) 前掲(7)、『ナイティンゲール［その生涯と思想］I』一七八頁
(37) 同右、一八〇頁
(38) 同右、一八五―八六頁

(39)『ルース』の筋の要約は、エリザベス・ギャスケル著、阿部幸子他訳『ルース』（近代文芸社、二〇〇九年）に拠っている。
(40) 前掲(1)、『フロレンス・ナイチンゲールの生涯 上巻』一八四頁
(41) ヒュー・スモール著、田中京子訳『ナイチンゲール 神話と真実』（みすず書房、二〇〇三年）一五一頁
(42) 前掲(1)、『フロレンス・ナイチンゲールの生涯 上巻』一八五頁
(43) 同右、二二四–二二六頁
(44) リン・マクドナルド著、金井一薫監訳、島田将夫・小南吉彦訳『実像のナイチンゲール』（現代社、二〇一五年）二〇〇頁
(45) Alastair Massie, *The National Army Museum Book of The Crimean War*, Pan Bokks, 2005. 一三四頁
(46) ユルゲン・トールヴァルド著、小川道雄訳『外科医の世紀 近代医学のあけぼの』（へるす出版、二〇〇七年）二二三–二二四頁
(47) 前掲(1)、『フロレンス・ナイチンゲールの生涯 上巻』二八三頁
(48) 同右、三一八頁
(49) 前掲(41)、『ナイチンゲール 神話と真実』七九頁
(50) 前掲(1)、『フロレンス・ナイチンゲールの生涯 上巻』三五四–五五頁
(51)「鶏頭図」については、金井ひとえ著『実践を創る 新看護学原論――ナイチンゲールの看護思想を基盤として』（現代社、二〇一二年）に詳しい解説がある。
(52) 湯槇ます監修『ナイチンゲール著作集 第二巻』（現代社、一九七五年）一九三–三三三頁（「病院覚え書」）

(53) 同右、二〇一頁
(54) オーギュスト・コント著、霧生和夫訳「社会静学と社会動学――『実証哲学講義』第四巻より」(『世界の名著36 コント/スペンサー』中央公論社、一九七〇年再版)二二四頁
(55) 前掲(16)、『真理の探究――抜粋と注解』二九一頁
(56) 同右、二二七頁
(57) 同右、二三五－三八頁
(58) 前掲(11)、『聖書』新約一五九頁
(59) 前掲(44)、『実像のナイチンゲール』八六－七頁
(60)「病人の看護と健康を守る看護 一八九三年」(湯槇ます監修『ナイチンゲール著作集 第二巻』現代社、一九七五年)
(61) 前掲(11)、『聖書』新約二九二頁
(62) 前掲(16)、『真理の探究――抜粋と注解』八一頁
(63) 前掲(18)、『ナイチンゲール著作集 第三巻』二三五頁
(64) 前掲(11)、『聖書』新約一二二頁
(65) 同右、新約三四九頁
(66) トマス・ア・ケンピス著、大沢章・呉茂一訳『キリストにならいて』(岩波書店、二〇〇七年)一五頁
(67) 湯槇ます監修『ナイチンゲール著作集 第三巻』(現代社、一九七七年)二六三－六四頁(「看護婦と見習生への書簡 一八七二～一九〇〇年」)、または、小南吉彦他編訳『新訳・ナイチンゲール書簡集――看護師と見習生への書簡』(現代社、二〇〇四年)三－四頁

(68) 前掲(11)、『聖書』新約一五頁
(69) 同右、新約一二頁
(70) 前掲(67)、『ナイチンゲール著作集 第三巻』三四五頁
(71) 前掲(44)、『実像のナイチンゲール』一二六頁
(72) 同右、一二六頁
(73) Zachary Cope: *Six Disciples of Florence Nightingale.* Pitman Medical Publishing Co., London, 1961.
(74) テリー・イーグルトン著、鈴木聡訳『表象のアイルランド』(紀伊國屋書店、一九九七年)。この書にはアイルランド人に対するイギリス人の「優越意識」が論じられている。
(75) Sir William P. MacArthur, *Medical History of the Famine, Clinical Lecturer in Tropical Medicine* (R. Dudley Edwards & T. Desmond Williams, *The Great Famine, studies in Irish History, 18545-52.* Lilliput, 1994. 二六三―三一二頁)。アイルランドの「飢餓熱」、「発疹チフス」、「回帰熱」その他熱病に関してはこの論文に拠っている。
(76) Cecil Woodham-Smith, *The Great Hunger Ireland 1845-49.* Old Town, 1962. 一九五頁
(77) 同右、一九八―九九頁
(78) David Hollett, *Passage the New World, Packet Ships and Irish Famine Emigrants 1845-1851.* P. M. Heaton, Abergavenny, Gwent. 1990. リヴァプールでのドクター・ダンカンの業績は、David Hollett の他に Peter Aughton が *Liverpool, a people's history* (Carnegie, 1990) で論じており、リヴァプールの貧困街の実情を知ることができる。
(79) 角山榮・村岡健次・川北稔著『産業革命と民衆』(河出書房新社、一九九七年)一三七頁。角山榮・川北稔編『路地裏の大英帝国――イギリス都市生活史』(平凡社、一九八二年)一三七頁

（80）廣松渉他編『岩波 哲学・思想事典』（岩波書店、一九九八年）
（81）ルーシー・セーマー著、湯槇ます訳『フロレンス・ナイティンゲール』（メヂカルフレンド社、二〇〇六年）一七三頁
（82）前掲(67)、『ナイチンゲール著作集 第三巻』三〇〇頁、または『新訳・ナイチンゲール書簡集――看護師と見習生への書簡』（現代社、二〇〇四年）五四頁
（83）セシル・ウーダム-スミス著、武山満智子・小南吉彦訳『フロレンス・ナイチンゲールの生涯 下巻』（現代社、一九八三年）二一一頁
（84）前掲(82)、『新訳・ナイチンゲール書簡集』五三頁、または『ナイチンゲール著作集 第三巻』三〇〇頁
（85）F. Nightingale, *Una and the Lion 1871*, Kessinger Publishing, 2009
（86）湯槇ます監修『ナイチンゲール著作集 第三巻』（現代社、一九七七年）二四三－六二頁（「アグネス・ジョーンズをしのんで 一八七一年」）
（87）同右、二四三頁
（88）同右、二五〇頁
（89）同右、二六一頁
（90）グラスゴーに関する衛生改善と都市再建については、*Improvements in Glasgow* (*Sanitary Reform in Victorian Britain Vol.4*. Pickering & Chatto, 2017.) 一二五－六五頁参照。
（91）ジュディス・R・ウォーコウィッツ著、永富友海訳『売春とヴィクトリア朝社会――女性、階級、国家』（上智大学出版、二〇〇九年）
（92）ピエール・ダルモン著、寺田光徳・田川光照訳『人と細菌――一七－二〇世紀』（藤原書店、二〇〇

五年）二二三－二四頁
(93) 同右、二二四頁
(94) 前掲(46)、『外科医の世紀　近代医学のあけぼの』一八六頁
(95) エドワード・クック著、中村妙子訳『ナイチンゲール［その生涯と思想］Ⅲ』（時空出版、一九九三年）三〇八頁
(96) 同右、三〇四－〇五頁（日本語訳の「医者」は、原文に従って「内科医」に訂正している）
(97) 前掲(82)、『ナイチンゲール著作集　第三巻』四二七－二八頁
(98) 前掲(60)、『ナイチンゲール著作集　第二巻』一三六頁
(99) Ｐ・スノードン他編著『ロンドン事典』（大修館書店、二〇〇二年）、項目「Hospitals　病院」より引用
(100) 前掲(82)、『ナイチンゲール著作集　第三巻』三六三－六四頁、または『新訳・ナイチンゲール書簡集』三－四頁

参考文献

アーサー・ハーマン著、篠原久監訳、守田道夫訳『近代を創ったスコットランド人――啓蒙思想のグローバルな展開』（昭和堂、二〇一二年）

アーサー・レズリ・モートン著、鈴木亮・荒川邦彦・浜林正夫訳『イングランド人民の歴史』（未来社、一九七二年）

上田閑照監修、皇紀夫他編『人間であること』（燈影舎、二〇〇六年）

エドワード・クック著、中村妙子・友枝久美子訳『ナイティンゲール［その生涯と思想］Ⅰ、Ⅱ、Ⅲ』（時空出版、一九九三－九四年）

エックハルト著、田島照久編訳『エックハルト説教集』（岩波書店、一九九〇年）

エリザベス・ギャスケル著、阿部幸子・角田栄子・宮園衣子・脇山靖恵訳『ルース』（近代文芸社、二〇〇九年）

小川眞里子著『病原菌と国家――ヴィクトリア時代の衛生・科学・政治』（名古屋大学出版会、二〇一六年）

オフェイロン著、橋本槇矩訳『アイルランド――歴史と風土』（岩波書店、一九九七年）

角山榮・村岡健次・川北稔著『生活の世界歴史10　産業革命と民衆』（河出書房新社、一九九七年）

角山榮・川北稔編『路地裏の大英帝国――イギリス都市生活史』（平凡社、一九八二年）

金井ひとえ著『実践を創る　新看護学原論――ナイチンゲールの看護思想を基盤として』（現代社、二〇一二年）

クリスティン・ハレット著、中村哲也監修、小林政子訳『ヴィジュアル版 看護師の歴史』（国書刊行会、二〇一四年）
スティーヴン・ジョンソン著、矢野真千子訳『感染地図――歴史を変えた未知の病原体』（河出書房新社、二〇〇七年）
『世界の名著36 コント／スペンサー』（中央公論社、一九七〇年）
セシル・ウーダム-スミス著、武山満智子・小南吉彦訳『フロレンス・ナイチンゲールの生涯』（現代社、一九八三年）
ジュディス・R・ウォーコウィッツ著、永富友海訳『売春とヴィクトリア朝社会――女性、階級、国家』（上智大学出版、二〇〇九年）
ジョゼフィン・A・ドラン著、小野泰博・内尾貞子訳『看護・医療の歴史』（誠信書房、一九七八年）
シオバン・ネルソン著、原田裕子訳『黙して、励め――病院看護を拓いた看護修道女たちの19世紀』（日本看護協会出版会、二〇〇四年）
塚田理著『イングランドの宗教――アングリカニズムの歴史とその特質』（教文社、二〇〇六年）
トマス・ア・ケンピス著、大沢章・呉茂一訳『キリストにならいて』（岩波書店、一九六〇年）
長島伸一著『ナイチンゲール』（岩波ジュニア新書230、一九九三年）
ピエール・ダルモン著、寺田光徳・田川光照訳『人と細菌――一七–二〇世紀』（藤原書店、二〇〇五年）
ヒュー・クラウト編、中村英勝監訳『ロンドン歴史地図』（東京書籍、一九九七年）
ヒュー・スモール著、田中京子訳『ナイチンゲール 神話と真実』（みすず書房、二〇〇三年）
蛭川久康・櫻庭信之・定松正・松村昌家・Paul Snowden 編著『ロンドン事典』（大修館、二〇〇二年）
廣松渉他編『岩波 哲学・思想事典』（岩波書店、一九九八年）

フロレンス・ナイチンゲール著、小林章夫監訳、竹内喜・菱沼裕子・助川尚子訳『真理の探究――抜粋と注解』（うぶすな書院、二〇〇五年）
ブルーノ著、清水純一訳『無限、宇宙および諸世界について』（岩波書店、一九八二年）
モニカ・ベイリー、マリアン・J・ブルック、ロイス・モンティロ他著、小林章夫監訳、平尾真智子他訳『ナイチンゲールとその時代』（うぶすな書院、二〇〇〇年）
ヘンリー・メイヒュー著、松村昌家・新野緑編訳『ヴィクトリア朝ロンドンの下層社会』（ミネルヴァ書房、二〇〇九年）
リン・マクドナルド著、金井一薫監訳、島田将夫・小南吉彦訳『実像のナイチンゲール』（現代社、二〇一五年）
ルーシー・セーマー著、湯槇ます訳『フロレンス・ナイティンゲール』（メヂカルフレンド社、二〇〇六年）
レイ・ストレイチー著、栗栖美知子・出淵敬子監訳、吉田尚子・山内藤子・奥山礼子・佐藤千佳・山本優子・三神和子訳『イギリス女性運動史 1792-1928』（みすず書房、二〇〇八年）
湯槇ます監修、薄井坦子・小玉香津子・田村真・小南吉彦編訳『ナイチンゲール著作集』第一－三巻（現代社、一九七四－七七年）
湯槇ます・小玉香津子・薄井坦子・鳥海美恵子・小南吉彦編訳『新訳・ナイチンゲール書簡集――看護婦と見習生への書簡』（現代社白鳳選書7、一九九九年〈一九七七年初版〉）
山脇百合子監修『ギャスケル文学にみる愛の諸相』（北星堂書店、二〇〇二年）
ユルゲン・トールヴァルド著、小川道雄訳『外科医の世紀 近代医学のあけぼの』（へるす出版、二〇〇七年）

B. M. Dossey, L. C. Selanders, D. M. Beck, A. Attewell. *Florence Nightingale Today: Healing Leadership Global Action.* American Nurses Association, Silver Spring, Maryland, 2005.

Allen-Emerson M(ed.) *Sanitary Reform in Victorian Britain, Vol.4, Sanitary Reform and Urban Improvement,* London, Pickering & Chatto, 2013.

Cecil Woodham-Smith, *The Great Hunger Ireland 1845-49.* Old Town, 1962.

Cecil Woodham-Smith, *Florence Nightingale 1820-1910.* Constable, 1950.

Collected Works of Florence Nightingale Volume 11. Lynn McDonald (ed.), *Florence Nightingale's Suggestions for Thought.* Wilfrid Laurier University Press, 2008.

David Hollett, *Passage to The New World, Packet Ships and Irish Famine Emigrants 1845-1851,* P. M. Heaton Publishing, Abergavenny, Gwent. 1995.

Edward Cook, *The Life of Florence Nightingale.* Macmillan and Co. 1913

F. Nightingale, *Una and the Lion 1871,* Kessinger Publishing's Legacy Reprints, 2009.

Florence Nightingale, *Florence Nightingale to her Nurses,* Macmillan, 1915.

Florence Nightingale's *Cassandra.* Feminist Press, 1970.

Gena K. Gorrell, *Heart and Soul. The story of Florence Nightingale.* Tundra Books, 2005.

James RS. Donnelly, JR, *The Great Irish Potato Famine,* Sutton Pubulishing, 2002.

Mark Bostridge, *Florence Nightingale.* Pnguin, 2009.

Meister Eckhart, *Selecting Writings,* selected and translated by Oliver Davies, Penguin, 1994.

Michael D. Calabria and Janet A. Macrac (ed.), *Suggestions for Thought by Florence Nightingale, Selected and Commentaries.* University of Pennsylvania Press, 1994.

Peter Aughton, Liverpool, *A people's history*. Carnegie Publishing, 2008.

Peter Vinten-Johansen, Howard Brody, Nigel Paneth, Stephen Rachman, Michael Rip: *Cholera, Chloroform, and the Science of Medicine,* A Life of John Snow. Oxford, 2003.

R. Dudley Edwards, T. Desmond Williams, *The Great Famine, Studies in Irish History,* 1845-52. The Lilliput publishing, 1994.

Robert Kee, *Ireland A Histtory,* Abacus, 1982.

Rosemary Rees, *Poverty and Public Health 1815-1948*. Heinemann Educational Publishers, 2001.

Sanitary Reform in Victorian Britain. Pickering & Chatto, 2017.

Sioban Nelson, *Say Little. Do Much.* Pennsylvania Press, 2003.

Steve Johnson, *The Ghost Map*. Riverhead Books, 2006.

Trina Robbins, *Elizabeth Blackwell, America's First Woman Doctor.* Capstone, 2007.

Zachary Cope, *Six Disciples of Florence Nightingale.* Pitman Medical Publishing Co., London, 1961.

Zachary Cope, *Florence Nightingale and The Doctors,* Museum Press, 1958.

あとがき

まず最初に、イギリスのハンプシャー在住のイヴァン・スティールさんに心から感謝を捧げたい。

私が二〇〇九年九月にエンブリ邸を探し求めて、二時間近く森の中をさ迷っていた時、小高い丘の上に一軒家が見つかり、幸いにもそこの住人らしき男性が家の前で立っていた。この時を逃すまいと、思わずエンブリ邸への道を尋ねた。彼は親切にも近道を二十分程一緒に歩いてくださり、そして、その後の道程を教えてくださった。さらに彼の名前まで教えてくださった。その後、車や自転車がたまにすれ違うだけの寂しい森の中を、私は独りで不安な気持ちで歩き続けた。

それから一時間程して、突然背後に車が止まった。運転者は私に乗るように言った。その人は先程別れたばかりのスティールさんであった。彼は初対面の私をエンブリ邸や聖マーガレット教会へと車で連れて行ってくださった。そして、鉄道のロムジー駅まで送ってくださった。

その車の中で、私がナイチンゲールについて研究していると話すと、すごく好意的になってくださり、協力すると言ってくださった。

翌年九月には、ソールズベリへ一緒に行ってくださり、ナイチンゲールが看護の勉強をしたい

スティールさん（Mr. Ivan Steele）
（当時 Royal Naval Museum 勤務）

と思っていたソールズベリ病院跡を見つけてくださった。さらに、ハンプシャーの地方紙でナイチンゲールが特集されると必ず新聞の切り抜きを送ってくださった。最後の章の「アンティオークの聖マーガレット教会の墓碑」は、スティールさんが送ってくださった *Romesey Advertiser.* August 13, 2010. から、ナイチンゲール没後百年記念の特集記事と写真を基にして書いた。

二〇一四年、私は再度ナイチンゲールの墓地を訪れて、イーストウェローの村からロムジー駅まで、かつて葬列が通った約七キロの道程を歩いた。ハンプシャーの田舎の風景を見ながら生前のナイチンゲールを考えた。素朴な貧しい村人の心に触れながら看護への道を開いたナイチンゲールの人間的な姿を思い描いた。

次に、私が二〇一五年まで勤務していた日本赤十字九州国際看護大学に感謝を捧げたい。五度にわたるイギリスへの研究出張を認め、助成金を出してくださったことに深く感謝している。それら出張の成果はそれぞれ、その翌年の同大学研究紀要に掲載した。

最後に、出版に苦労してくださった花乱社の別府大悟氏には心から感謝を申し上げたい。

本書は「日本赤十字九州国際看護大学研究紀要」第8・9・10、12・13号に掲載された論文に加えて、日本赤十字国際人道研究センター紀要『人道研究ジャーナル』第1・2号掲載分から再構成し、加筆・修正したものである。

二〇一七年師走

徳永　哲

索　引

▷ア行

▷カ行

▷サ行

▷タ行

▷ナ行

▷ハ行

▷マ行

▷ヤ行

▷ラ行

徳永　哲（とくなが・さとし）
1948（昭和23）年，北九州市に生まれる
1972年３月，明治大学大学院文学研究科修士課程修了
2001年４月，日本赤十字九州国際看護大学教授（英語担当）
2011年４月～，純真学園大学保健医療学部英語非常勤講師
北九州市在住
著書＝『現代悲劇の探究――神の死をめぐって』（海鳥社，1991年）。山内淳他共著『二つのケルト――その個別性と普遍性』（世界思想社，2011年）
訳書＝K．ホランド，C．ホグ著，日本赤十字九州国際看護大学国際看護研究会共訳『多文化社会の看護と保健医療――グローバル化する看護・保健のための人材育成』（福村出版，2015年）。K．イーラム著，山内登美雄共訳『演劇の記号論』（勁草書房，1995年）

闘《たたか》うナイチンゲール
貧困《ひんこん》・疫病《えきびよう》・因襲《いんしゆう》的社会《てきしやかい》の中《なか》で
❖
2018年５月10日　第１刷発行
❖
著　者　徳永　哲
発行者　別府大悟
発行所　合同会社花乱社
〒810-0073 福岡市中央区舞鶴 1-6-13-405
電話 092(781)7550　FAX 092(781)7555
http://www.karansha.com
印　刷　モリモト印刷株式会社
製　本　有限会社カナメブックス
ISBN978-4-905327-87-5